PRINCIPES DE POLITIQUE

APPLIQUÉS

A L'EXAMEN DU CONTRAT SOCIAL;

PAR BENJAM,

Auteur des *Considérations sur la Politique.*

PARIS,

DELAUNAY, LIBRAIRE, AU PALAIS-ROYAL.

1838.

PRINCIPES DE POLITIQUE.

PRINCIPES DE POLITIQUE

APPLIQUÉS

A L'EXAMEN DU CONTRAT SOCIAL;

PAR **BENJAM,**

Auteur des Considérations sur la Politique.

PARIS,
DELAUNAY, LIBRAIRE, AU PALAIS-ROYAL.

1833.

PRÉFACE.

Dans un ouvrage intitulé : *Considérations sur la Politique*, dont la seconde édition a paru en 1822[1], j'ai exposé mes principes sur cette science. Dans celui-ci, je les mets en confrontation avec ceux que J.-J. Rousseau a développés dans le *Contrat Social*, en m'attachant scrupuleusement à faire voir en quoi ils ressemblent et en quoi ils diffèrent. Le lecteur pourra ainsi apprécier les uns et les autres, et déterminer sa préférence par un jugement facile à porter, puisque les élémens vont en être placés sous ses yeux. L'avant-dernier chapitre, en particulier, est consacré à prouver l'identité de mes opinions avec celles qui ont servi de base à *l'Esprit des Lois* de Montesquieu. Cet écrit était destiné à servir de réfutation au *Contrat Social*, mais mon cadre s'étendant à mesure

(1) *Considérations sur la Politique et sur les circonstances actuelles*, un volume in-8°. — Paris, de l'imprimerie de David; chez Wilbert et Delaunay.

que j'avançais, j'y ai fait entrer plusieurs objets qui, bien qu'ils se rattachent au plan primitif, sembleront peut-être s'élever au-dessus du caractère d'une simple réfutation. C'est ce qui m'a déterminé à adopter un second titre qui paraît offrir une idée plus juste de mon travail.

Peut-être ne sera-il-pas inutile de rappeler que, dans les *Considérations sur la Politique*, je me suis appliqué à prouver :

1° Que le gouvernement *républicain* est appelé par la nature des choses dans tous les pays où la population est uniquement ou principalement composée de propriétaires;

2° Que quand les prolétaires atteignent un certain nombre, le gouvernement devient *aristocratique;*

3° Qu'il se transforme en *Monarchie* quand les prolétaires sont devenus extrêmement nombreux; en sorte que dans tous les pays, la forme du gouvernement résulte de l'étendue de la propriété territoriale et de la manière dont elle est répartie;

4° Que le roi est à la fois le chef du gouvernement et le représentant spécial des prolétaires; qu'il a pour mission de les protéger et de les contenir; que partout où il n'y a point de prolétaires, la royauté est inutile; que le roi étant, presque sans exception dans tous les États, le plus grand propriétaire du royaume, cette seule circonstance garantit suffisamment que les intérêts des propriétaires, qu'il entre dans les attributions du roi de concilier avec les intérêts des prolétaires, ne seront jamais gravement négligés.

Ces vues, que je crois neuves, n'infirment pas, mais développent l'opinion de Montesquieu : que les petits États sont propres au gouvernement républicain; les États médiocres au gouvernement aristocratique; les grands États au gouvernement monarchique. Elles expliquent, en outre, comment le régime républicain a pu se consolider dans les vastes espaces de terrain qu'occupent les États-Unis d'Amérique.

Dans un petit écrit intitulé du *Refus du budget* [1] je me suis appliqué à démontrer que dans

(1) In-8°, 1829. De l'imprimerie de David.

tout état bien pondéré, les empiétemens de l'élément démocratique ne sont réellement à redouter que quand les finances sont en déficit, et quand le souverain est placé dans la nécessité d'exiger de nouveaux impôts de ses sujets qui, alors, demandent en retour de nouvelles libertés.

Un état mal pondéré est celui dont la constitution est mauvaise, c'est-à-dire, où la propriété territoriale qui est la source et la base de toutes les autres, ne jouit pas d'une influence politique suffisante pour résister aux prolétaires et aux factieux qui tendent toujours, si on les laisse faire, à s'emparer des fonctions importantes de l'Etat.

PRINCIPES GÉNÉRAUX

DE POLITIQUE.

CHAPITRE PREMIER.

Idée de l'Ouvrage.

J.-J. Rousseau, à la fin d'Emile [1], présente un abrégé des doctrines politiques qu'il a exposées dans le *Contrat social*, traité qui, lui-même, n'est que l'extrait d'un plus grand ouvrage que J.-J. Rousseau avait entrepris, mais qu'il avait abandonné. C'est cet abrégé, où se trouvent fidèlement reproduites toutes les opinions politiques de Rousseau, que nous allons soumettre à une analyse raisonnée et placer en regard des principes que nous professons.

(1) Tome 3, livre 5, page 217 à 239. Paris, 1808. Edition stéréotype de Didot.

CHAPITRE II.

De la formation des Sociétés.

L'auteur d'Emile se demande, en débutant, *si les hommes dans l'état de nature naissent esclaves ou libres, associés ou indépendans* (page 217).

Nul doute qu'ils ne naissent libres et indépendans.

Jusqu'ici tout le monde sera de l'avis de J.-J. Le dissentiment ne commence qu'aux questions suivantes, que nous continuerons à souligner, pour distinguer le texte de notre commentaire.

S'ils se réunissent volontairement ou par force (p. 217).

Rousseau pensait que les hommes se sont réunis volontairement et non par suite de la contrainte exercée sur eux par quelque individu puissant qui, selon un système opposé à celui de ce publiciste, les aurait obligés à vivre en société, à peu près comme un pasteur réunit sous sa houlette un troupeau de moutons. L'une et l'autre de ces opinions que J.-J. va soumettre à un examen rigoureux et entre lesquelles, selon lui, on n'a que l'alternative, sont incomplètes. Les hommes ne se sont réunis en société, ni volontairement ni par force, mais par *nécessité*, soit, afin de pourvoir à leur défense commune, contre les animaux sauvages ou quelque ennemi extérieur, soit à l'effet de cultiver la terre, parce qu'à raison de la multiplication de l'espèce, la chasse ou les produits spontanés du sol devenaient insuffisans pour les nourrir. Cette vue explique à la fois comment la société civile est en même temps le produit de la volonté et d'une force majeure concourant ensemble.

Rousseau se place donc en dehors de la politique quand il demande, comme pour faire la critique de l'hérédité du trône : *si la force qui réunit les hommes peut former un droit permanent?* (page 217.)

Evidemment non. La force brutale ne constitue aucun droit.

Si la force antérieure oblige, même quand elle est surmontée par une autre, en sorte que depuis Nembrod, il n'y ait plus de légitimes rois que les descendans de ce premier conquérant ou ses ayant-cause; ou bien, si cette première cause venant à cesser, la force qui lui succède oblige à son tour? (page 217.)

Rousseau confond manifestement la royauté, ou la transmission héréditaire de la couronne, avec la force brutale, laquelle n'ayant d'autre vertu obligatoire que celle qu'elle puise en elle-même, peut être renversée sans délit, dès qu'elle rencontre une force supérieure.

Si les trônes, comme l'insinue Rousseau, n'étaient que l'œuvre de la force ou de la conquête, s'ils n'étaient qu'autant de fardeaux inutiles, imposés aux peuples, nul doute que ces derniers n'eussent le droit et le devoir de les renverser, chaque fois qu'ils en trouveraient l'occasion. Il faudrait affirmer le contraire si la royauté, même exercée d'une manière défectueuse, était une institution tutélaire destinée à la défense et à la protection de la société, et sans laquelle l'ordre et le repos sont impossibles, sitôt que les circonstances nécessaires à l'adoption de cette institution se sont présentées.

Non, le pistolet que tient à la main un brigand qui demande sur le grand chemin la bourse ou la vie n'est pas une puissance. En politique, comme le dit fort bien Rousseau (page 218), *le mot puissance ne veut dire autre chose qu'une puissance légitime, et par conséquent soumise aux lois dont elle tire son être.* Or, il n'est pas difficile de prouver que la royauté ne soit dans ce cas, de même que toutes les autres formes régulières de gouvernement qu'on rencontre chez les divers peuples, et dont chacune est l'expression des divers besoins sociaux auxquels elle est destinée à pourvoir.

« Si je pouvais faire, dit Montesquieu, dans la préface de l'Esprit des Lois, que tout le monde eût de » nouvelles raisons pour aimer ses devoirs, son prince, » sa patrie, ses lois, je me croirais le plus heureux des » mortels. » Et Rousseau lui-même, (page 231) : *On a de tout temps beaucoup disputé sur la meilleure forme de gouvernement, sans considérer que chacune est la meilleure en certains cas, et la pire en d'autres.*

Rousseau examine ensuite si l'autorité paternelle peut être admise comme principe des sociétés, et démontre victorieusement la négative.

CHAPITRE III.

De l'Esclavage.

Passant au droit d'esclavage, il demande : *Si un homme peut légitimement s'aliéner à un autre sans réserve* (page 219).

Evidemment non. L'esclavage est le produit de la force brutale; dès lors, il cesse avec la force qui l'a produit, ou avec la volonté de l'esclave, si le maître devient le plus faible.

Rousseau voit dans cet état de choses un *contrat* où l'esclave et le maître restent mutuellement leurs propres juges. Il est impossible d'apercevoir un *contrat* dans une situation qui est le fruit de la contrainte. Cela n'empêche pas, et c'est sans doute ce que Rousseau sentait confusément, qu'il n'y ait des devoirs de l'esclave au maître, de même que de celui-ci à l'esclave. Le maître doit des alimens à son esclave. Ces alimens, sources de la vie de celui qui les reçoit, sont la première garantie de son obéissance et souvent le prix ou l'équivalent de sa liberté. Le maître n'a droit qu'au travail de l'esclave dans la proportion des forces de celui-ci. Son autorité ne s'étend pas au-delà. Elle ne saurait aller jusqu'à attaquer la vie de l'esclave et sa moralité. L'esclave, de son côté, doit à son maître fidélité, c'est-à-dire qu'il ne doit attenter ni à la personne ni aux biens de celui qui le nourrit, exceptant toutefois des biens de son maître sa personne, qu'il conserve le droit de remettre en liberté par l'évasion, mais non par la révolte ou l'assassinat. Le maître a droit de punir l'évasion de l'esclave. Autrement, il n'y aurait plus d'esclavage possible, ou bien, il faudrait supposer que cet état cessât d'être forcé et fût purement volontaire, ce qui serait contraire à la réalité. L'esclave n'a droit à ses risques et périls, d'opposer la force à son maître qui veut le reprendre, que quand il est hors du domaine de ce dernier. S'il n'en était pas ainsi, les révoltes, les conspirations d'esclaves seraient des actes innocens qu'on n'aurait pas droit de châtier. Dès lors plus d'esclavage, plus de soumission, plus d'obéissance [1].

CHAPITRE IV.

Y a-t-il contrat entre le peuple et son chef?

Si un esclave, continue Rousseau, qui a l'air de croire que l'esclavage soit un état volontaire et le ré-

(1) Voyez sur les causes de l'esclavage, lequel, en principe, dérive du droit de la guerre, le premier chapitre d'un écrit intitulé *Coup-d'œil sur*

sultat d'une convention, *ne peut s'aliéner sans réserve à son maître, comment un peuple peut-il s'aliéner sans réserve à son chef? et si l'esclave reste juge de l'observation du contrat par son maître, comment le peuple ne resterait-il pas juge de l'observation du contrat par son chef?* (page 219.)

Aucun publiciste raisonnable n'a jamais prétendu qu'un peuple peut s'aliéner sans réserve à son chef.

Rousseau soutient qu'il y a contrat entre l'esclave et le maître, et se rend ainsi fauteur de l'esclavage, pour arriver à conclure qu'il y a contrat entre le peuple et son chef, et donner au premier le droit de rester juge de l'observation du traité. Mais, comme entre l'esclave et le maître toute la force est aux mains de ce dernier, il y a spéculativement peu d'inconvénient à faire l'esclave juge de l'observation du contrat. Cela ne change rien à l'ordre existant. Tandis qu'entre le peuple et son chef, toute la force étant aux mains du peuple, il y a le plus grand inconvénient à attribuer au peuple la faculté dont il s'agit, car alors toute révolte, toute conspiration, toute déposition de souverain devient légitime et ne peut être punie sans injustice. Qu'est-ce qu'un contrat qui n'a de force qu'autant

les Colonies, et en particulier sur celle d'Alger, in-8°. Paris 1833, chez Wilbert et Delaunay; et sur les causes de son abolition, le chapitre onzième, pages 161 à 270, d'un ouvrage de M. Rubichon, intitulé : *Mécanisme de la société en France et en Angleterre*, in 8° Paris 1833, chez Lenormand et Chatel.

qu'une des parties le veut bien? ce n'est pas un contrat, c'est une chaîne qui consacre l'asservissement d'une des parties.

Disons donc qu'il n'y a point de contrat entre le peuple et son chef, non plus qu'entre l'esclave et son maître, mais de même que de l'esclave au maître, il est certaines réserves que le maître ne peut enfreindre, de même du peuple au chef, il est certaines barrières, certaines lois fondamentales que le chef doit indispensablement respecter, et sans l'observation desquelles son autorité cesse d'être obligatoire.

CHAPITRE V.

Des lois fondamentales de l'État.

Nous avons dit que les réserves qui bornaient l'autorité du maître sur l'esclave étaient l'emploi raisonnable des forces de l'esclave et la moralité de ce dernier à laquelle, en aucun cas, le maître ne pouvait attenter.

Les réserves que les chefs des peuples sont inviolablement tenus de respecter sont d'une autre nature et beaucoup plus positives. Ils ne peuvent en aucun cas porter atteinte à la moralité de leurs sujets; ils ne peuvent disposer de la personne de ces derniers, si ce n'est pour le bien de l'état, suivant des lois librebrement consenties et dont l'exécution est spécialement confiée à ces mêmes chefs; enfin, il ne peuvent prélever, sous forme d'impôt, la moindre partie des biens de leurs administrés qu'après que ceux-ci y ont adhéré, soit réunis en assemblée, soit, s'ils sont trop nombreux, après avoir été consultés dans la personne de leurs délégués ou de leurs représentans.

Il y a encore cette différence entre l'esclave et le sujet : Le travail de l'esclave est acquis au maître, tandis que le travail du sujet lui appartient tout entier. Il n'en concède au chef de l'état que la partie qu'il juge, de son plein gré, nécessaire pour assurer le maintien de la tranquillité publique et la conservation des avantages sociaux dont il jouit. Considérée sous ce point de vue, la liberté du sujet est tellement étendue que, s'il jugeait de son intérêt de refuser l'impôt et d'amener ainsi la destruction de la société, aucune force légitime ne pourrait l'en empêcher, pourvu que son refus s'exerçât dans les formes voulues par la constitution. La propriété étant antérieure à la société qui n'est formée que de la réunion des propriétaires, les droits qui en dérivent sont plus sacrés que ceux de la société destinée à les garantir, et doivent par conséquent précéder ceux-ci dans l'ordre d'importance, comme ils les précèdent dans l'ordre naturel des choses.

Quelques personnes s'alarmeront sans doute, elles craindront que la destruction de l'état ne soit le résultat inévitable de cette faculté de refuser l'impôt que nous reconnaissons aux citoyens. Qu'elles se rassurent : il y a aussi peu à redouter que les propriétaires ou leurs représentans abusent de cet avantage, qu'il est peu à appréhender que l'individu placé sur un pont, ne démolisse à coup de hache l'obstacle qui le sépare de l'abîme.

Chez les peuples à constitutions écrites, la chambre élective ne pourrait refuser le budget, c'est-à-dire, refuser de pourvoir aux dépenses de l'état, sans renoncer ouvertement au bénéfice de la constitution. En effet, les députés ne sont aptes à remplir leurs fonctions, qu'à la charge de payer une certaine quotité d'impôt. Le budget refusé, il n'y aurait plus, à l'expiration de l'année, ni électeurs, ni éligibles, et il ne resterait dans l'état que les pouvoirs héréditaires. La monarchie absolue serait donc rétablie par le fait du pouvoir populaire. Cette considération tranquillisera les esprits les plus timorés contre la crainte que le budget ordinaire soit rejeté. Mais, à défaut de ce dernier, ce qui peut l'être, ce sont les demandes en accroissement d'impôt. C'est positivement en retour de ce surcroît de charges et des sommes extraordinaires qu'il devient nécessaire de voter pour combler les déficits, que les assemblées délibérantes parviennent avec une extrême facilité à s'emparer de l'administration et à mettre en tutelle les autres pouvoirs. Ainsi, il dépend de la prudence et de l'économie des souverains d'éviter de tomber à la merci de leurs assemblées. Quand ce malheur leur arrive, ce n'est jamais par le vote du budget ordinaire qu'ils y sont amenés, à moins que celui-ci ne dépasse toutes les proportions raisonnables, mais par suite des dépenses extraordinaires auxquelles ils ne peuvent se dispenser de pourvoir. Parmi les causes les plus fréquentes de ces dernières, il importe de signaler les guerres réitérées et malheureuses. En temps de paix, il n'en coûte jamais bien cher pour administrer l'état.

CHAPITRE VI.

Du Contrat social. — Idée des diverses formes de gouvernement.

Rousseau, ne pouvant se dissimuler l'imperfection du contrat entre le peuple et son chef, d'où il fait dériver, en faveur du peuple, le droit de juger si les conditions en sont observées, conditions qu'il aurait dû préciser, est contraint de revenir sur ses pas et de supposer l'existence antérieure d'un autre contrat, au moins tacite, en vertu duquel le peuple se trouve établi.

Puisque, avant de s'élire un roi, dit-il (page 220), *le peuple est un peuple, qu'est-ce qui l'a fait tel, sinon le contrat social?*

Ce qui a institué un peuple en société civile, c'est une réunion de circonstances pour la plupart fortuites, parmi lesquelles doivent être mis au premier rang les progrès de la population, qui ont fait qu'un certain nombre de propriétés se sont trouvées contiguës et que leurs possesseurs ont eu des intérêts communs à défendre, ce qui les a amenés à se concerter ensemble, à l'effet de pourvoir à la défense de ces intérêts. Tout établissement fondé pour la défense commune est ce qu'on appelle une *société.*

En considérant les choses sous ce point de vue, on reconnaît bientôt que la naissance du gouvernement suit immédiatement l'établissement de la société, et que celle-ci n'est le fruit ni d'une délibération, ni d'un contrat, mais l'effet de la nécessité généralement sentie entre propriétaires contigus, entre individus placés dans la même situation sociale, de prendre une ou plusieurs mesures d'intérêt général.

Vingt propriétaires jugent qu'un canal doublerait la valeur de leurs biens. Un seul ne peut raisonnablement en faire la dépense. Ils forment entre eux une assemblée. Voilà l'image de la société, ou, pour mieux dire, la société elle-même. Ils conviennent que chacun contribuera aux frais, et chargent trois d'entre eux de faire exécuter les travaux et de pourvoir à leur entretien aux frais de la communauté. Voilà le gouvernement établi. On sent qu'il n'y aurait pas de motif d'instituer la société, si celle-ci n'avait pas un but à atteindre. Or, c'est par le moyen du gouvernement, et pas autrement, qu'on arrive à un but quelconque. Ce gouvernement peut être composé d'un seul individu; il est alors *monarchique*, ou bien il est composé de plusieurs chefs; si ces chefs sont choisis parmi ceux dont l'intérêt territorial est le plus fort, il est *aristocratique*. S'il est composé de ceux dont l'intérêt, sans être le plus fort, tient cependant une sorte de milieu entre ceux dont l'intérêt est le plus fort et ceux dont l'intérêt est le plus faible, le gouvernement est censé *républicain*; enfin, s'il est composé de ceux dont l'intérêt à la chose publique est le plus faible ou même presque nul, le gouvernement est réputé *démocratique*[1].

CHAPITRE VII.

De la manière dont se forme la volonté générale.

L'acte qui constitue un peuple en société, et que Rousseau appelle le *Contrat social*, n'est point, comme

(1) On verra plus loin quelles sont les causes qui portent à adopter une de ces formes de gouvernement de préférence aux autres.

il paraît l'insinuer, un acte purement volontaire. Il est déterminé (ce que Rousseau néglige d'observer) par le besoin de pourvoir à un intérêt commun. C'est cette circonstance qui amène l'unanimité dans les délibérations, ou qui fait que les dissidens se soumettent à la volonté générale. Ainsi, par exemple, quand on doit être attaqué par l'ennemi ; il vaut encore mieux être défendu imparfaitement que de rester sans défense. Chaque fois qu'un certain nombre d'individus ont à pourvoir au même intérêt, l'unanimité résulte presque toujours de l'identité de situation, ou du moins l'unanimité sur la majeure partie des points en délibération, ce qui suffit pour maintenir la société. S'il en était autrement, l'état serait sur le point de se dissoudre et de tomber dans l'anarchie. Dans les sociétés naissantes, les membres du corps social s'accordent aisément sur tout. Dans les vieilles sociétés et dans celles qui courent à leur perte, ils ne peuvent se mettre d'accord sur rien.

CHAPITRE VIII.

Examen critique de la définition du Contrat Social donnée par Rousseau.

Dans la teneur du Contrat Social, formulée en ces termes par Rousseau :

Chacun de nous met en commun ses biens, sa personne, sa vie et sa toute-puissance, sous la suprême direction de la volonté générale, et nous recevons en corps chaque membre comme partie indivisible du tout (page 220), il y a oubli du but de la société. Ce but est la conservation des biens et des personnes, contre tous ceux qui chercheraient à y porter atteinte.

Dans la société, on ne met point en commun ses biens. On consent seulement à sacrifier une faible partie du revenu, appelé *impôt,* pour défrayer l'état des dépenses occasionnées par la défense du tout.

Dans certains états, qualifiés plus spécialement d'*états libres,* l'impôt est voté tous les ans, et par conséquent il est susceptible d'être refusé tous les ans. En général, ce sont ceux où les dépenses sont le plus considérables.

Dans d'autres, il est voté pour plusieurs années à la fois.

Enfin, il en est d'autres où l'on se borne seulement à octroyer les accroissemens d'impôts. Ce sont ceux où les dépenses sont le plus modérées. Ces derniers états sont appelés *monarchies tempérées* par ceux qui vivent sous ce régime, et *monarchies absolues* par ceux qui n'y vivent pas et qui croient, parce que l'impôt ordinaire est levé sans être voté, que tout s'y fait arbitrairement, selon le caprice du prince.

Dans le gouvernement despotique, qui n'est qu'un

pillage exercé arbitrairement par un seul homme, au profit d'un parti vainqueur, et où le parti vaincu, exploité à discrétion, ne fait pas partie à proprement parler de la société, l'impôt est levé violemment et sans mesure, selon le caprice du chef de l'état, qui n'est lui-même, du plus au moins, que l'instrument servile d'un parti. Ce régime mérite à peine d'être compté parmi les gouvernemens réguliers. C'est la servitude généralisée. Ici, l'esclave et le maître, au lieu d'être deux individus, sont deux peuples réunis ensemble, et dont l'un tient l'autre sous le joug.

Dans la société civile, *chacun ne met point en commun ses biens, sa personne, sa vie*, ce qui semblerait indiquer qu'on ne fait de ces diverses forces qu'une masse commune, qui ensuite serait administrée *sous la suprême direction de la volonté générale;* mais chacun conserve ses biens, sa personne, sa vie, et continue à en disposer comme il l'entend. Seulement, en présence d'un danger commun ou d'une nécessité démontrée, il consent à en exposer une partie pour assurer la conservation du tout. Cette partie réclamée pour le salut commun est réglée volontairement et à l'amiable par une délibération subsidiaire entre les membres du corps social, ou, s'ils sont trop nombreux, entre leurs représentans et le gouvernement choisi pour mettre à exécution les mesures dont la nécessité a déterminé la formation de la société. Cette délibération subsidiaire peut donner lieu à des débats, mais ce qui ne saurait en occasioner, c'est la formation de la société, en présence d'une nécessité pressante qui fait sentir à chacun l'insuffisance de ses forces. Au surplus, il est aisé de concevoir qu'à l'origine des sociétés, les impôts étant extrêmement légers, doivent trouver peu de résistance, dès qu'il y a urgence à y recourir. Apprend-on que l'ennemi va arriver? on convient de se réunir en corps pour le repousser. Voilà la société formée, le peuple institué. On désigne un chef pour se mettre à la tête de l'armée. Voilà le gouvernement ou le pouvoir exécutif établi. Ce chef réunit le peuple et demande à chaque propriétaire de fournir des vivres, à chaque homme en état de porter les armes de marcher sous ses ordres. Voilà le gouvernement en action, l'impôt en exercice. N'en déplaise à Rousseau, il n'y a pas besoin de contrat pour cela. Il suffit d'obéir à un mouvement naturel, pareil à celui qui porte deux voyageurs qui se rencontrent dans une forêt, au moment d'être attaqués par une bête féroce, à se réunir pour la repousser. En résumé, le voisinage des domaines produit une communauté d'intérêts. Cette communauté d'intérêts nécessite une communauté de délibérations et de mesures conservatoires. Voilà la cause de l'origine des sociétés.

CHAPITRE IX.

De la souveraineté politique, de ses limites et de la manière dont elle se manifeste.

Rousseau n'a pas expliqué suffisamment comment se formait la *volonté générale* et quels en étaient les caractères. Nous avons essayé de suppléer à cette lacune et de faire concevoir pourquoi l'unanimité indispensable pour former la société civile s'obtenait toujours aisément sous l'empire d'une nécessité pressante qui contraint les hommes à réunir leurs efforts. Nous avons également fait pressentir comment une fois d'accord sur ce premier point, ils parvenaient à s'accorder, après plus ou moins de contestations, sur la portion de sacrifices individuels que réclamait de chacun le maintien de l'ordre social.

Puisque chaque membre du corps social n'adhère à la formation de la société que pour conserver ses biens et sa personne, en aucun cas, sous aucun prétexte, il ne peut être porté atteinte aux biens et aux personnes. Les unes et les autres doivent être l'objet d'un respect inviolable. Cela ressortit de l'institution et de la définition même de la société. Ainsi, en faveur de l'intérêt général, l'intérêt de nul individu ne pourra être sacrifié, quelque soit l'avantage que la société doive en recueillir. Ses biens ou sa personne ne pourront subir aucune lésion, ni être assujétis à aucune charge, que de son consentement exprimé ou tacite, et en vue d'un plus grand bien, non-seulement général, mais particulier. C'est ce que Rousseau a constaté par cette formule : *Nous recevons en corps chaque membre comme partie indivisible du tout. Si c'est sur le droit de propriété*, comme le dit J.-J. (page 222), *qu'est fondée l'autorité souveraine, ce droit est celui qu'elle doit le plus respecter; il est inviolable : sitôt qu'il est considéré comme commun à tous les citoyens, il est soumis à la volonté générale, et cette volonté peut l'anéantir. Ainsi, le souverain n'a nul droit de toucher au bien d'un particulier ni de plusieurs, mais il peut légitimement s'emparer du bien de tous, comme cela se fit à Sparte au temps de Lycurgue; au lieu que l'abolition des dettes par Solon fut un acte illégitime.*

Qu'il nous soit permis d'ajouter que l'abolition de la propriété par Lycurgue ne fut un acte légitime qu'autant que tous les propriétaires, sans en omettre un, auront consenti à ce sacrifice. C'est ce que J.-J. Rousseau admet hypothétiquement, et ce que nous ne chercherons pas à contester. En effet, dès lors que la société a été fondée pour le maintien de la propriété individuelle, on ne peut lui assigner un autre principe, un autre but, par exemple, comme ici, celui de *la communauté des biens*, et changer ainsi l'essence du pacte social, à moins d'y être autorisé par le con-

2.

sentement de tous ceux qui ont concouru à le former. Nul citoyen, nul propriétaire ne peut donc être privé de ses biens que de son plein gré.

CHAPITRE X.

Suite du chapitre précédent.

La personne publique qui résulte de la formation de la société prend en général le nom de CORPS POLITIQUE, *lequel est appelé par ses membres* ÉTAT, *quand il est passif*, SOUVERAIN, *quand il est actif*, PUISSANCE, *en le comparant à ses semblables* (page 229).

Rousseau, comme on voit, par une locution qui lui est particulière, donne le nom de *souverain* à la réunion des citoyens jouissant du droit de suffrage et ayant voix consultative dans la direction de l'état. Il va même plus loin. Il suppose que tous les individus, dont la réunion compose *le peuple*, doivent être appelés à voter la loi, c'est-à-dire, les règles générales suivant lesquelles l'état doit être régi.

Sous ce rapport, il y a une distinction à faire. L'institution de la société exige indispensablement l'adhésion de tous les membres du corps social; mais une fois la société formée, le gouvernement établi, la machine mise en jeu, l'adhésion de tous les citoyens et leur participation active n'est plus d'une nécessité rigoureuse, de telle sorte que rien ne puisse être fait valablement que tous les membres du corps social n'y aient concouru. L'approbation tacite suffit alors pour valider ce qui se fait dans l'intérêt général, et le consentement se présume de l'absence de toute opposition.

CHAPITRE XI.

Des prolétaires, de l'aristocratie, du régime républicain, et du gouvernement représentatif.

Nous ajouterons une autre considération que Rousseau énonce d'une manière incidentelle et sans la développer, quand il dit (page 222): *si c'est sur le droit de propriété qu'est fondée l'autorité souveraine, ce droit est celui qu'elle doit le plus respecter*, et dans le Contrat social, livre Ier, chapitre 9, note (*d*) où il s'exprime un peu plus explicitement[1]: « *Dans le fait, les lois sont toujours utiles à ceux qui possèdent et nuisibles à ceux qui n'ont rien.* »

A l'origine des sociétés, tous les membres du corps social étant propriétaires, tirant de leurs biens, sans

(1) Voyez aussi *Contrat social*, livre 4, chapitre 4, pages 230 et 245. Edition in-18. 1827. Chez Tenon.

exception, tous leurs moyens d'existence, avaient, au degré le plus éminent, un intérêt direct et fondé à la formation et au maintien de la société et aux lois primitives faites pour la conservation des biens. Nulle crainte donc qu'ils vinssent à les ébranler ni à compromettre la sécurité publique qu'il leur importait si puissamment de fortifier. Dans les campagnes éloignées des villes, on dort encore porte ouverte, on laisse en plein champ, sans nulle inquiétude, des valeurs considérables, bétail, récolte, outils aratoires, etc. A mesure que la population fait des progrès et s'agglomère, les délits se multiplient ; il s'élève une classe d'individus qui, par suite de l'insuffisance du territoire, ne peuvent avoir de propriété. N'ayant aucun bien en propre, aucun moyen de subsistance, ils augmentent la difficulté de gouverner l'état, soit en cherchant sans cesse à faire irruption sur la propriété, soit en se groupant autour des principaux propriétaires auxquels ils louent leur travail, et souvent leur turbulence, en échange de la nourriture qu'ils en obtiennent. Cette classe d'individus nommés *prolétaires*, qui ne possèdent rien que leur personne, et qui souvent même seraient contraints à périr de faim s'ils respectaient trop scrupuleusement le bien d'autrui, n'ont pas évidemment le même intérêt que les propriétaires au maintien de la société. Ils y ont souvent un intérêt opposé. On sent dès lors que leur voix ne peut être admise sans danger dans les délibérations, et qu'ils doivent être exclus des assemblées et de toute action politique, sous peine de voir renverser les propriétés et opprimer les propriétaires dès que les prolétaires seraient en nombre suffisant pour que leur voix fût prépondérante. Beaucoup d'états ont péri faute d'avoir su écarter les prolétaires de leurs assemblées.

Leur apparition dans l'état détermine un changement dans les institutions. Elle impose la nécessité d'augmenter la force et la surveillance de l'autorité. Elle fait sentir le besoin de lois pénales plus rigoureuses, et surtout d'une magistrature qui n'éprouve nulle interruption, parce que si l'état, livré à lui-même, demeurait quelques instans désarmé, s'il y avait solution de continuité dans l'action du gouvernement, les prolétaires en profiteraient pour le renverser ou commettre de graves désordres. De là, l'utilité d'un chef héréditaire.

L'homme qui possède est aisément déterminé par un retour sur lui-même à ne pas attenter au bien d'autrui. Celui qui n'a rien n'a pas de représailles à craindre, sa présence dans la société exige donc l'introduction de lois plus sévères.

C'est surtout pour contenir les prolétaires et les contraindre à respecter la propriété que la peine de mort et les autres peines afflictives ont été instituées. Ces châtimens, aux termes de la loi également menaçans pour tous, n'atteignent guère cependant que les prolétaires, notamment ceux des grandes villes, sans cesse aiguillonnés par la misère et la licence.

Tant que les prolétaires ne sont qu'en nombre médiocre, ils vivent sous le patronage et sur les terres des grands propriétaires, et comme on ne s'avise pas encore de les exclure des assemblées, ils procurent à leurs protecteurs une influence qui forme la base de *l'aristocratie*. Les grands propriétaires en les enrôlant à leur suite, en les nourrissant et leur procurant du travail, assurent la tranquillité publique, et de cette façon acquièrent des droits à une certaine prééminence sur les petits propriétaires. Ces derniers s'obstinant à réclamer une égalité d'influence qui leur échappe, à cause de la faiblesse de leur fortune, rendue plus évidente par l'absence de clientelle, et la coalition des prolétaires avec les grands propriétaires, manifestent vainement une tendance déclarée pour le maintien du régime républicain où tous exercent des droits égaux. Ce gouvernement appelé par la nature des choses, à l'origine des sociétés, mais dont le retour est impossible dès que l'égalité effective est altérée, a été l'utopie sous l'inspiration de laquelle J.-J. a écrit son *Contrat Social*.

Les principes exposés dans cet ouvrage ne sont applicables qu'à la république pure. Ils deviennent infiniment dangereux pour les états où les classes inférieures multipliées à l'excès et ne pouvant plus trouver d'emploi sur les domaines des grands propritaires, ont rendu nécessaire l'établissement des grandes villes et l'institution du gouvernement monarchique, qui est destiné à la fois à protéger, à contenir, à représenter les prolétaires et à leur procurer des alimens et du travail. A cette époque déjà avancée de la vie des nations, une grande partie des prolétaires, la partie la plus dangereuse, celle qui peuple les villes et les capitales, et fait les révolutions, tire sa principale ressource du luxe qu'elle fomente par son industrie et par la culture des arts. Mais comme rien ne contribue autant que le luxe à détruire les vastes propriétés, l'aristocratie ruinée par les dissipations auxquelles elle est poussée, ne tarde pas à perdre son influence avec ses biens. Par suite de ce changement dans les mœurs et les fortunes, les petits et les moyens propriétaires étant redevenus en majorité par l'appauvrissement général et le morcelement des propriétés, la tendance républicaine se manifeste et entraîne l'état vers une égalité trompeuse qui ouvre les voies à l'anarchie. L'aristocratie et la royauté affaiblies par l'appui qu'elles se prêtent mutuellement, et par l'aliénation de leur domaine, signe le plus certain de leur décadence, font alors d'inutiles efforts pour maintenir les distinctions sociales, seules barrières qui empêchent les prolétaires de faire irruption sur la société. Mais ces distinctions, reposant plutôt sur des souvenirs que sur des réalités, et dès lors considérées comme de vains préjugés, n'offrent qu'un obstacle impuissant aux aveugles républicains. Ces derniers, croyant s'assurer la victoire en s'acharnant sur une aristocratie expirante et en travaillant sans relâche à la diffusion des droits politiques, ne font que préparer les voies à la domination des prolétaires, promptement suivie de la ruine de l'état.

Prêchée à ces époques de décadence, l'égalité des droits, base des opinions politiques de J.-J., accélère la dissolution du corps social. La révolution française nous en a offert la preuve. Ce ne fut qu'en abjurant ces doctrines séduisantes qu'on est parvenu, non sans grandes difficultés et avec le secours militaire, auxiliaire bien dangereux, à ramener l'ordre, la sécurité et le respect des propriétés. Comment les républicains de bonne foi ne sentent-ils pas qu'il n'y a pas de distinction plus choquante que celle qui existe entre celui qui possède et celui qui n'a rien, entre l'homme qui vit de ses revenus sans travailler et celui qui ne gagne sa subsistance qu'à la sueur de son front? Or, dès qu'on admet, dès qu'on tolère, ainsi qu'ils le font, cette distinction qui est du tout au tout et qu'il n'y a pas moyen de repousser sans renverser la société, on a ensuite mauvaise grâce à se récrier contre les autres distinctions qui ne sont que du plus au moins. Pour réaliser leurs systèmes et arriver à la république, il faudrait donc rendre tous les individus propriétaires; mais outre qu'il serait nécessaire pour cela de dépouiller ceux qui possèdent, l'étendue du sol n'y suffirait pas. Il est donc manifeste que quand la population est arrivée à un certain point de développement où le territoire devient trop étroit, l'état ne peut plus exister sous une forme régulière qu'en maintenant les distinctions et les classifications entre les diverses ordres de citoyens, ou, en d'autres termes, les conditions auxquelles ils sont admis à exercer les droits politiques. Or, les distinctions s'appuyent les unes sur les autres. Ce n'est donc qu'en les protégeant toutes, ou du moins un certain nombre, notamment celles qui ont pour base des différences réelles et palpables dans l'état des individus, qu'on peut réussir à conserver le pays exempt de trouble et de dissensions. Tel est le but du gouvernement représentatif, à la faveur duquel on s'efforce de maintenir la balance égale entre les prolétaires, les grands propriétaires et les moyens propriétaires, représentés, les premiers par *le Roi*, les seconds, par la *chambre des Pairs*, et les troisièmes, par la *chambre des Députés*. Mais cette combinaison ingénieuse exige, pour devenir durable et empêcher qu'un parti n'usurpe la prépondérance, une modération, une bonne foi, une prudence de la part de tout ce qui a de l'influence, qu'il est difficile de rencontrer. Aussi, cette espèce de gouvernement, placé pour ainsi dire en équilibre entre la monarchie et la république, dégénère-t-elle par fois en cette dernière forme, qui, comme nous l'avons vu plus haut, au lieu d'une égalité réelle, n'offrant plus qu'une égalité de *convention*, soutenue uniquement par la force et l'arbitraire, mène rapidement les vieilles sociétés à l'anarchie et à la décomposition.

CHAPITRE XII.

Du caractère de protection générale inhérent à la souveraineté.

Ces observations nous ont entraîné un peu loin; il était essentiel de les présenter sans interruption. Revenant maintenant au texte de J.-J. qu'elles sont destinées à éclairer, on s'apercevra peut-être que nous avons donné quelques développemens utiles à la question que se fait J.-J. et que voici : *Les deux parties contractantes, savoir : chaque particulier et le public, n'ayant aucun supérieur commun qui puisse juger leurs différens, chacun des deux reste-t-il le maître de rompre le contrat quand il lui plaît, c'est-à-dire, d'y renoncer pour sa part, sitôt qu'il se croit lésé?* Rousseau répond fort bien : *que, le souverain ne pouvant agir que par des volontés communes et générales, ses actes ne doivent avoir de même que des objets généraux et communs, d'où il suit qu'un particulier ne saurait être lésé directement qu'ils ne le soient tous* (page 221).

Le premier caractère de la loi, c'est d'être la même pour tous.

Dans tout état bien organisé, s'il n'y a qu'une classe d'intérêts, il n'y a qu'une assemblée dépositaire de sa souveraineté; s'il y a plusieurs classes d'intérêts, il y a autant de corps chargés de les défendre, entre lesquels la souveraineté se partage et qui exercent les uns sur les autres un *veto* illimité. Dès lors, comment pourrait-il y avoir oppression?

Quant à l'assertion, *qu'on est plus libre dans le pacte social que dans l'état de nature* (page 222), elle est vraie, si on se rapporte à cet état de nature qui a déterminé la formation de la société; fausse, si on a égard à l'état antérieur.

CHAPITRE XIII.

De la Loi.

J.-J. continue en ces termes : *Puisque rien n'oblige les sujets que la volonté générale, nous rechercherons comment se manifeste cette volonté, à quels signes on est sûr de la reconnaître; ce que c'est qu'une loi, et quels sont les vrais caractères de la loi. Ce sujet est tout neuf. La définition de la loi est encore à faire* (page 223).

Selon J.-J., nul acte ne mérite le nom de loi qu'autant qu'il statue sur un objet général. *Alors l'objet sur lequel on statue est général et la volonté qui statue est aussi générale* (page 223).

Le passage que nous venons de citer nous détermine à définir la loi : l'expression de la volonté générale, réelle ou présumée, et rendue publique selon les formes prescrites par la nature du gouvernement.

Ceci mérite quelque explication.

CHAPITRE XIV.

Du pouvoir législatif dans le gouvernement républicain.

Pour former la société, il faut indispensablement le consentement de tous les propriétaires qui veulent en devenir membres.

A l'origine des sociétés, le *souverain*, c'est-à-dire, le pouvoir qui a le droit de faire les lois, est composé de tous les membres du corps politique, ou pour mieux dire de tous les propriétaires réunis en assemblée ; car, à cette époque, les terres étant abondantes, tout citoyen, tout homme est propriétaire. Ils procèdent, soit à l'unanimité, soit à la majorité des voix. Le gouvernement est alors purement républicain. C'est sous ce point de vue unique que s'est placé J.-J. Ce qu'il appelle le *souverain*, peut être nommé indifféremment le *peuple*, le *pouvoir législatif*, la *forme du gouvernement*, la *souveraineté du peuple*. On jouit alors du *suffrage universel*.

Dans la république pure, le *souverain* se confond avec le *peuple*, et la forme du gouvernement dérive immédiatement de l'état de la société. Elle ne peut laisser aucun doute sur sa légitimité, c'est-à-dire, sur la conformité de ses actes avec la volonté générale. *Le peuple statue sur le peuple.*

CHAPITRE XV.

Du pouvoir législatif dans les gouvernemens aristocratique et monarchique.

A mesure que l'état s'étend et se peuple, le nombre des prolétaires, d'abord nul ou presque imperceptible, prend un grand accroissement; et, comme ils ont un intérêt contraire à ce que les propriétés restent aux mains qui les possèdent, deux circonstances surviennent simultanément qui obligent à changer la forme du gouvernement.

Tous les citoyens ne peuvent plus être réunis en une même assemblée.

Un grand nombre d'entre eux n'étant pas propriétaires, n'ont pas le même intérêt à la conservation de la société.

Dès lors, la souveraineté effective du peuple disparait. Il cesse de vouloir en personne. Ce n'est plus la volonté du peuple qui fait loi, c'est la volonté générale qui se présume selon certaines règles ou formes dont il n'est pas permis de s'écarter.

Pour trouver alors la volonté générale, la volonté commune, terme moyen entre les divers intérêts dont l'expression n'est plus aussi manifeste qu'à l'époque où tous les citoyens donnaient individuellement leur vote, on est réduit, pour ne pas s'écarter du but de la société :

1° A interroger les propriétaires, non plus directement, mais dans la personne de leurs représentans réunis, soit en une, soit en deux assemblées.

2° A prendre en considération ceux des intérêts des prolétaires qui sont conciliables avec le respect des personnes et des propriétés, et à leur permettre d'avoir pour *représentant héréditaire* le plus grand propriétaire du pays, l'homme le plus éminent de la nation qui, sous le nom de *roi*, se place à la tête du gouvernement, et, tout en contenant les prolétaires, empêche qu'ils ne soient en butte à l'oppression qu'exerceraient sur eux les autres classes. Partout où l'esclavage existe, la royauté est impossible [1].

La division des représentans des propriétaires en

(1) L'esclavage est moins incompatible avec la démocratie royale et l'aristocratie royale ; mais le régime républicain et le régime aristocratique sont ceux avec lesquels il sympathise le mieux.

deux assemblées, division qui ne s'effectue que quand l'état renferme une masse considérable de prolétaires, offre deux avantages :

1° D'assurer des défenseurs distincts à la grande propriété et à la moyenne, précaution qui n'est rien moins qu'inutile, car la grande propriété tend à détruire et à humilier la petite, et celle-ci à dissoudre la première. Chacune de ces situations sociales, si on la laissait faire, rendrait l'autre onéreuse, en rejetant sur cette dernière la majorité des charges publiques. Or, il n'est pas indifférent pour un grand état de ne renfermer que de petits ou de moyens propriétaires, car l'absence des hautes notabilités territoriales pousse l'état vers les formes républicaines, et prive le pays des moyens de résister avec vigueur et opportunité aux forces qui tendent à détruire la société et à y semer le désordre.

Une monarchie qui ne renfermerait que des demi-fortunes n'offrirait, excepté les fonctionnaires chèrement salariés et les traitans, presque personne content de son sort et dans une position stable, presque personne qui pût se dispenser de travailler pour vivre, qui pût donner tout son temps à l'état, qui s'intéressât énergiquement au maintien de l'ordre existant, et chez qui les idées de conservation exerçassent assez d'influence pour devenir un mobile exclusif de conduite et assurer au gouvernement un zèle, une surveillance, une coopération active, un appui constant. Chez les gens dont la fortune est faite, l'amour du gain se transforme en la crainte de perdre, et ce sentiment, joint au désir du repos, devient un très-bon ressort de gouvernement et supplée même à quelques égards à la probité et à l'amour de la patrie. Ajoutez que la nécessité de rétribuer convenablement les services, afin que les autorités ne soient pas éclipsées par les propriétaires et ceux qui exerçent les professions lucratives est une grande cause d'épuisement pour le trésor. Il est donc très-convenable, dans la monarchie, que les fonctions publiques et surtout celles des membres des corps souverains [1], soient occupées gratuitement par les hommes riches.

(1) Dans la république, c'est différent ; personne ne doit être sans propriété, et chacun doit avoir peu, c'est-à-dire, moins que ce qu'il faudrait pour être dans l'aisance, et être content de ce peu, sans désirer l'augmenter. Cette disposition morale, appelée *frugalité*, *vertu*, et qu'on ne crée pas à volonté, est indispensable au maintien de cette forme de gouvernement. Elle tient en grande partie à ce qu'aucun citoyen ne voie devant lui personne dont la condition, meilleure que la sienne, excite son envie ou afflige son amour-propre. Sous le régime républicain, le nécessaire physique est tout ce à quoi il est permis de prétendre, et telle est la mesure des salaires que ce gouvernement comporte. Les jouissances matérielles doivent y être réduites au minimum : le luxe, les plaisirs, la richesse, les arts, doivent être l'objet d'un mépris profond ; la pauvreté un titre d'honneur et de considération. C'est dire assez que cette forme de gouvernement ne convient pas à nos mœurs : tout en elle doit tendre à maintenir l'homme dans son état primitif ou à l'y ramener.

Quant à la république opulente préconisée par M. Mauguin, et à la république fille des arts et des lumières de M. de Châteaubriand, ce

2° L'autre avantage résultant de la division des représentans en deux assemblées, c'est de constituer en trois branches le pouvoir législatif, et d'offrir ainsi un moyen facile de concilier et de vider les différends qui auraient un caractère dangereux s'ils s'élevaient entre le roi représentant des prolétaires, unissant à cette qualité celle de pouvoir exécutif, et une assemblée unique jouissant de la prérogative d'être l'organe de tous les propriétaires du sol et affichant souvent la prétention de représenter le pays entier[1]. Deux pouvoirs mis en présence sans un troisième pouvoir qui tienne de l'un et de l'autre et leur serve d'intermédiaire et de conciliateur, sont en lutte perpétuelle jusqu'à ce que l'un ait subjugué l'autre.

On voit donc que les gouvernemens aristocratique et monarchique, attendu l'impossibilité matérielle de consulter tous les citoyens individuellement, ont pour objet de constituer le *souverain*, ou la forme du gou-

sont des républiques où l'égalité effective est bannie, et qui sont ou le marche-pied de la monarchie, ou la dégénérescence anarchique de cette forme de gouvernement. Il faut pourtant faire exception en faveur des États-Unis d'Amérique. Encore n'est-ce pas une république pure : c'est une république qui a une tendance à l'aristocratie, et dont l'institution est sur le déclin ; mais qui a en elle-même un moyen de rénovation permanent, à raison de l'étendue des terres vacantes qui fait, qu'en ce pays, il n'y a de prolétaires qu'autant que ceux-ci le veulent bien. En effet, il ne dépend que d'eux de devenir propriétaires : l'État n'en est donc jamais surchargé ; la république pure y est donc toujours réalisable.

(1) S'il n'y avait point de prolétaires, la royauté serait strictement réduite au pouvoir exécutif.

vernement, de manière à réunir toutes les probabilités de croire que la loi est l'expression fidèle de la volonté générale. J.-J. n'a vu le souverain ou la souveraineté que dans la réunion de tous les membres du corps social en une seule assemblée, tandis qu'elle résulte dans les états, où la population est nombreuse, de la réunion des représentans élus ou organisés en assemblée selon un mode adopté d'avance, qui imprime au gouvernement la forme ou le caractère qui le distingue.

CHAPITRE XVI.

De la constitution de l'État, des chartes ou des constitutions écrites.

Nous avons dit que l'acte qui constitue le pacte social ou la société exigeait indispensablement pour être valable, l'adhésion de tous les membres du corps social.

Observons maintenant que l'acte qui institue la forme du gouvernement, et qui est pour la plupart des peuples l'effet spontané d'une nécessité généralement sentie, exige au moins l'adhésion tacite d'une forte majorité de la nation. Autrement les bouleversemens, les dissensions, l'absence de toute tranquillité résulteront de l'opposition que mettra une partie notable du pays à recevoir des institutions qui contrarieront ses mœurs, ses idées, ses préjugés.

Des faits qui se reproduisent fréquemment fournissent, par analogie, la preuve de cette assertion. Dans les gouvernemens représentatifs, lors même qu'il ne s'agit que d'une loi de faible importance, une majorité de quelques voix est regardée comme insuffisante pour en déterminer l'adoption. En Angleterre, le ministère qui essuie un pareil échec se considère comme repoussé par l'opinion. En France, certains ministres se sont obstinés à rester en place avec une faible majorité. On ne saurait imaginer les luttes, les fatigues, les embarras, les périls qu'il leur a fallu surmonter. Evidemment une pareille position ne pouvait être durable, elle semblait supérieure aux forces humaines. Or, s'il faut dans les assemblées délibérantes une majorité numérique bien prononcée pour gouverner avec facilité, pour soutenir un ministère, pour donner vie aux lois qui en émanent, pour maintenir le système d'administration qu'il représente, à plus forte raison faut-il dans la nation une majorité analogue pour soutenir et appuyer la forme de gouvernement qu'on a adoptée.

En cas de contestation sur cet objet essentiel, qui n'est pourtant qu'une simple question de fait très-aisée à résoudre si les passions ne s'en mêlaient pas, car la forme du gouvernement doit être l'expression de l'état de la société, il ne faut souvent rien moins qu'une guerre civile pour décider quel est le parti le plus fort, quel est celui à qui restera la prééminence, quel sera le genre de gouvernement auquel on s'arrêtera [1]. Parfois un homme sage et puissant s'interpose entre les partis, lassés d'agitations et de discordes, et, tenant la balance entre eux, proclame un pacte, une charte qui devient la loi suprême de l'état.

C'est un malheur pour un peuple d'être divisé en divers partis ou classes d'intérêts tranchés. C'est un plus grand malheur encore que ces partis soient à peu près d'égale force, parce qu'ils luttent ensemble jusqu'à extinction, et épuisent ainsi les forces du pays, sans arriver à aucun résultat salutaire. Mieux vaudrait qu'un d'entre eux, à part sans doute celui des prolétaires, eût la prééminence incontestable. Alors les autres seraient forcés de se soumettre et de rester en repos. Au moins la tranquillité domestique serait-elle assurée, la forme de gouvernement hors de discussion, le pouvoir stable dans les mains qui en sont dépositaires. On serait à l'abri des révolutions. Dans l'autre cas, on est en butte à des dissensions intestines, à des bouleversemens continuels qui conduisent à l'anarchie et à la guerre civile, laquelle finit tôt ou tard par ouvrir à l'étranger les portes de la patrie.

Quelque homogène que soit la population d'un état, il suffit d'une répartition de la propriété en désharmo-

(1) Les débats sont surtout susceptibles de se prolonger dans les pays divisés en trois partis, dont deux réunis, sont plus forts que le troisième.

nie avec la forme du gouvernement, irrégularité que le temps seul suffit à produire, pour amener un changement de régime et pour occasioner des dissensions sanglantes, qui souvent n'ont d'autre terme que la perte de l'état ou celle de son indépendance. J'appelle une répartition de la propriété discordante ou contradictoire avec la forme du gouvernement, car c'est surtout en ces matières, au risque de se répéter, qu'il importe de se faire bien comprendre :

Dans la monarchie et l'aristocratie,

Celle par suite de laquelle les grands propriétaires ne sont ni assez nombreux, ni assez puissans pour obtenir l'ascendant [1];

Dans les états républicains,

Celle en vertu de laquelle les petits et moyens propriétaires ne jouissent pas concurremment avec les grands propriétaires de l'égalité des droits;

(1) Dans l'aristocratie, l'ascendant des grands propriétaires doit être *absolu*; dans la monarchie, il doit être simplement *relatif*, c'est-à-dire, que les grands propriétaires, plus forts que ce qui les entoure, doivent cependant l'être moins que la royauté et moins que la classe moyenne prise en masse. Cette condition suffit pour leur assurer des moyens de résistance convenable pour la défense de leurs droits, et pour empêcher que l'equilibre du l'État ne soit troublé. Montesquieu dit : « Il y a toujours dans un État des gens distingués par les richesses ou » les honneurs, mais s'ils étaient confondus parmi le peuple, et s'ils » n'y avaient qu'une voix comme les autres, la liberté commune serait » leur esclavage, et ils n'auraient aucun intérêt à se défendre, parce » que la plupart des résolutions seraient contre eux. La part qu'ils ont » dans la législation doit donc être proportionnée aux autres avantages » qu'ils ont dans l'État »

Dans le despotisme,

Celle qui admet de grands propriétaires, noyau dangereux de résistance, et même des propriétaires dont les droits de possession sont respectés.

Ces situations contradictoires sont autant de causes de révolutions ou de malheurs.

La diversité d'intérêts résultant de la différence des fortunes et de la manière dont la propriété est répartie, plonge un peuple dans un océan de désordres, chaque fois qu'elle n'assure pas franchement la supériorité d'influence à la classe d'intérêts appelée à prédominer par la forme du gouvernement qu'on a adoptée. Comment donc se flatter de maintenir l'ordre et le repos autrement que par le despotisme ou le pouvoir absolu, soit de la métropole, soit d'une classe privilégiée, dans les contrées où, à cette cause de mésintelligence, se joignent les diversités de religion, de mœurs, de langage, et surtout la différence des couleurs qui frappe les sens à chaque instant et oblige les habitans, malgré eux, à se classer en bandes distinctes? Dans les colonies, par exemple, l'égalité des droits accumulerait tous les dangers sur la classe blanche, numériquement la plus faible. Tout ce qu'on accorderait de liberté aux autres classes leur servirait à écraser celle-ci, en attendant que la suprématie restât à la plus forte d'entre elles, sans autre alternative jusqu'à ce dénoûment qu'une anarchie et une guerre civile permanentes, pires que le despotisme [1]. Que serait-ce donc si, par une combinaison qui daterait de loin, toutes les richesses et les propriétés de ces pays se trouvaient concentrées dans le petit nombre d'individus composant la classe ci-devant privilégiée, qui deviendrait ainsi le but unique de la haine et de la cupidité de tout ce qui l'entoure?

En résumé, les diverses formes de gouvernement sont produites ou par le progrès naturel de la société et le mouvement ordinaire des intérêts qui, lorsqu'ils ne sont point contradictoires, savent trouver d'eux-mêmes les institutions protectrices que réclame leur conservation, ou bien lorsque la constitution native a cessé d'exister par un acte extra-législatif, par une constitution écrite, imposée à la nation, souvent sur sa propre demande, et dont la nécessité, la légitimité résultent de la difficulté qu'éprouvent les partis pour s'accorder sur quoi que ce soit, ce qui les contraint, comme des plaideurs lassés, à recourir à une sorte d'arbitrage en dernier ressort.

(1) C'est à cette cause unique, la diversité de nature des populations, qu'il faut attribuer la difficulté qu'on trouve à établir des institutions libres et des gouvernemens réguliers dans la majeure partie des États de l'Amérique méridionale.

CHAPITRE XVII.

Des caractères de la loi.

D'après ce qui vient d'être dit, les caractères de la loi sont aisés à assigner et à reconnaître. Ils dérivent immédiatement de la forme du gouvernement, qui dérive elle-même du mode de répartition de la propriété ; en conséquence la loi doit en porter l'empreinte.

CHAPITRE XVIII.

De la loi dans la monarchie, et particulièrement dans l'ancienne monarchie française. — Des coutumes et des maximes fondamentales.

Ainsi, dans la monarchie, sera réputée *loi* toute mesure générale ayant pour but la conservation des propriétés ou la protection des personnes, quand elle réunira l'assentiment du roi et celui des états-généraux, ou, en l'absence de ces derniers, l'approbation des parlemens ou des corps de magistrature, alors même que ces derniers, représentant d'une manière moins régulière les intérêts des propriétaires, ne pourraient exprimer leur consentement que par un simple enregistrement.

Selon Bodin, le plus savant publiciste du seizième siècle, les états-généraux devaient être consultés toutes les fois qu'il s'agissait de modifier les coutumes du royaume.

Les coutumes sont au corps politique, ce que sont les habitudes par rapport à notre propre corps. Elles sont le résultat et l'indice de son organisation et de sa constitution. Dans l'ordre d'importance, les coutumes l'emportent sur les lois. Certaines d'entr'elles sont même censées les précéder et se confondent avec ce que Rousseau appelle le *contrat social*, car, *un peuple est peuple avant de se donner des lois*, et ne peut même faire celles-ci, qu'après être convenu d'y procéder selon un mode dont il doit être tombé d'accord avec lui-même, quand ce ne serait, par exemple, que de s'en remettre à la pluralité des suffrages... *La loi de la pluralité des suffrages*, a dit Rousseau (Contrat social, livre premier, chapitre 5), *est elle-même un établissement de convention et suppose au moins une fois l'unanimité*[1].

(1) Rousseau confond ici la *loi* avec la *coutume*. La loi de pluralité des suffrages n'étant écrite nulle part, n'est point une loi, mais une *coutume*. *Loi* vient du mot latin *legere*, lire. — La loi est moins respectable que la coutume. Pour être loi, il suffit qu'elle ait réuni la pluralité des suffrages ; la coutume, pour être telle, suppose l'unanimité : aussi n'est-elle pas écrite et n'a-t-elle pas besoin de l'être ; elle est gravée dans les mœurs et, pour ainsi dire, fait corps avec elles. Du moment qu'elle a besoin d'être écrite, elle s'affaiblit et devient *loi*.

Il est en outre une ancienne maxime des Capitulaires toujours citée en France comme loi fondamentales et qui renferme en une ligne toute la constitution française, c'est que la loi est faite par le consentement du peuple et la sanction royale : *lex fit consensu populi et constitutione regis.*

Cette maxime attribue au roi *l'initiative* et la *sanction*. Elle réserve au peuple la faculté de *consentir*, et conséquemment celle de *refuser*. Si l'on tient compte des coutumes établies, c'est-à-dire de l'ordre de choses existant, propriété inviolable du peuple qui en jouit et qui ne peut en être dépossédé que de son consentement, on comprendra que toute la constitution française réside dans le peu de mots que nous venons de citer. Ce n'est donc pas sans motif qu'on a prêté à cette dernière quatorze cents ans de durée. On pourrait même la faire remonter plus haut, et dire comme nous l'avons fait, qu'il n'y a que deux espèces de peuples, ceux qui sont libres et ceux qui ne le sont pas.

Les premiers ne payent d'impôt et ne sont tenus d'obéir aux lois qu'après y avoir adhéré, soit directement, soit par leurs représentans, selon la forme réglée par la constitution ou les coutumes.

Les seconds payent l'impôt et obéissent aux lois, sans les avoir consentis.

Abstraction faite de ce qui concerne la formation de la loi, toutes les constitutions écrites, toutes les chartes ne sont que des énonciations des faits ou des déclarations de nouvelles coutumes qu'on a entendu d'un commun accord, réel ou simulé, substituer aux anciennes, et qui souvent, en certains points, n'en diffèrent pas essentiellement. En effet, en vertu de ce qu'on nomme maintenant *l'omnipotence parlementaire* ou la souveraineté des pouvoirs, tous les articles de la charte, moins ceux qui ont trait à la formation de la loi, peuvent être changés, sans que la liberté soit altérée en rien, sans que la royauté, la chambre élective ou l'héréditaire aient fait l'une à l'autre aucune concession effective qu'elle ne soit *théoriquement* en mesure de reconquérir à l'instant, puisque, sans l'assentiment d'un des pouvoirs, tout ce que peuvent faire les deux autres est frappé de nullité. Les dispositions qui décident de la formation de la loi sont donc le principe générateur, non-seulement de la constitution française, mais de toute constitution quelle qu'elle soit. Ce qui le prouve surabondamment, c'est que la charte de 1830 et les constitutions antérieures ont été discutées et votées comme le sont les simples lois, et que c'est même ainsi que la charte de 1814, bien qu'émanée directement du trône, a subi d'importantes modifications.

Quant à l'ancienne constitution française qu'on pourrait, à certains égards, considérer comme existant encore [1], conformément à la pensée de madame

(1) Telle est, sans restriction, l'opinion de la *Gazette de France* qui,

de Staël, qui disait : « c'est la liberté qui est ancienne et non pas le despotisme, » trois autres coutumes ou maximes la complétaient :

Celle en vertu de laquelle le roi ne pouvait rien ordonner qu'en son conseil et après l'avoir consulté;

Celle qui établissait, que toute ordonnance royale et tout acte d'exécution devaient être revêtus du contre-seing d'un ministre, ce qui impliquait la responsabilité ministérielle et l'irresponsabilité royale;

Enfin, la loi salique qui réglait l'ordre de succession à la couronne.

Au point où nous sommes arrivés, il ne reste plus à faire qu'une seule question : celle de savoir si un législateur, quel qu'il soit, a le droit d'imposer au peuple de nouvelles coutumes appelées *lois électorales, lois politiques, lois fondamentales*, en remplacement des anciennes, qui ne sont écrites que dans les mœurs; à quoi nous répondrons : oui, quand les anciennes sont tombées en désuétude et les nouvelles lois fondamentales acceptées sans contradiction[1].

pour le besoin de la polémique qu'elle soutient, réclame le suffrage universel des propriétaires comme ayant eu lieu dans l'ancienne monarchie, quoiqu'assurément ce soit une chose antipathique avec l'esprit de cette dernière, qui n'admettait pas même tous les Français à la jouissance des droits civils, vu son origine féodale.

(1) . . . . , Et pour être approuvés,
De semblables desseins veulent être achevés.
RACINE.

Louis XVI et ses conseils contribuèrent puissamment à la révolution, en manifestant le doute qu'il existât une constitution française, en décidant la convocation des états-généraux sans prendre l'initiative sur le mode à suivre pour procéder aux élections, et ultérieurement en ne fixant pas la manière dont les délibérations seraient formées. Ce qui rendait la situation embarrassante, c'est que les élections ne pouvaient être faites de la même façon qu'aux derniers états-généraux qui avaient eu lieu en 1614. Dans l'intervalle, le rapport mutuel des diverses parties de la nation, la *constitution intérieure* du royaume avait changé sur certains points importans dont on ne pouvait se dispenser de tenir compte. La tradition des coutumes se trouvait donc à cet égard absolument interrompue. La royauté, au lieu de remplir cette lacune, abdiqua, en laissant au hasard ou aux factions le soin d'y suppléer.

CHAPITRE XIX.

De la loi dans l'aristocratie.

Dans le gouvernement aristocratique est réputée *loi* toute mesure générale ayant pour but la conservation des propriétés ou la protection des personnes, quand elle réunit l'assentiment de la majorité des membres composant l'assemblée ou les deux assemblées dépositaires de la souveraineté.

CHAPITRE XX.

De la loi dans la république.

De même, dans la république.

CHAPITRE XXI.

De la loi dans le gouvernement monarchique représentatif.

Dans le gouvernement monarchique représentatif, qu'on appelle aussi le gouvernement des trois pouvoirs, est réputée *loi* toute mesure générale, quand elle réunit l'adhésion du roi, considéré comme représentant des prolétaires; celle de la chambre haute, représentant les intérêts des grands propriétaires; et celle de la chambre des députés, représentant les intérêts de la moyenne propriété.

CHAPITRE XXII.

De la loi dans le gouvernement despotique.

Reste à parler de la loi dans le gouvernement despotique. Ce gouvernement, à l'opposite des autres, consacre la domination d'un parti, ou celle d'un peuple conquérant sur un peuple conquis. Ne soyons donc pas surpris si la loi change ici de nature, et n'a plus ce respect pour les propriétés et les personnes qui, partout ailleurs, la caractérise. Révocable à volonté comme les ordres intimés à l'esclave par son maitre, elle n'est que l'expression transitoire des intérêts et de la volonté du parti vainqueur, parlant par la voix du despote qui lui-même, sitôt qu'il déplait à la faction pour laquelle il gouverne, est impitoyablement renversé. Sous ce régime qui, du reste, est toujours mitigé par la religion et par la nécessité d'épargner les cultivateurs, afin d'éviter que le sol ne tombe complètement en friche, tout ordre émané du despote ou de ses officiers, a force de loi et est indispensablement obligatoire. La moindre résistance est criminelle. Elle serait le signe du renversement de l'état, qui est fondé uniquement sur *l'obéissance passive*. En effet, sous le despotisme, tout serait perdu si le parti vaincu relevait la tête. La puissance *morale* des vainqueurs serait compromise, une révolution serait à la veille d'éclater, le principe du gouvernement serait détruit; le despotisme, qui est un gouvernement militaire dans toute la rigueur du terme, exige la même obéissance que celle qui règne dans un camp. La licence, le pillage peuvent parfois y être tolérés, mais le salut même des vainqueurs demande que la discipline et la subordination soient à l'instant rétablies. Les soldats peuvent déposer ou égorger leur chef, mais il faut qu'immédiatement un autre chef soit saisi du commandement et qu'une obéissance aveugle lui soit accordée. Sous le despotisme, le parti qui exerce le pouvoir doit toujours se considérer comme en pays ennemi. De là, cette belle expression de M. de Bonald : *les Turcs sont campés en Europe.*

CHAPITRE XXIII.

De la loi considérée comme expression de la volonté générale.

La loi exprime avec d'autant plus de fidélité la volonté générale, qu'elle réunit dans les conseils où elle s'élabore un plus grand nombre de suffrages. Nous renvoyons à cet égard à ce qui a été dit précédemment sur la majorité nécessaire pour la former. Nous ajouterons qu'il est des époques où, notamment dans la chambre élective, les esprits sont tellement divisés, incertains, méfians, qu'il devient très-difficile à l'administration d'obtenir sur quelque question que ce soit une majorité d'une certaine importance. En cet état de chose dont la prolongation menacerait le gouvernement d'un changement de forme, car l'incertitude des conséquences dérive de celle des principes, la prudence prescrit de ne soumettre à la délibération que très-peu de lois, et, s'il se peut, de s'en tenir à la seule loi de l'impôt. C'est une précaution trop négligée en France, où, sans égards aux dissentimens qui divisent le pays, on soumet aux discussions des chambres non-seulement des lois, mais des codes entiers.

CHAPITRE XXIV.

Des lois de suffrage.

Parmi les lois, il en est certaines d'une très-haute importance. Ce sont les lois de suffrage; elles règlent la manière dont doivent être élus, dans la république, les magistrats temporaires, et dans la monarchie, les membres des corps politiques dont les fonctions ne sont point héréditaires ni dépendantes de la nomination royale.

Ces lois, appelées aussi *lois fondamentales, lois*

4.

politiques, naissent d'elles-mêmes dans les états dont la constitution est l'œuvre du temps et s'élèvent spontanément à côté de cette dernière, en se confondant avec les coutumes, aux époques qui avoisinent l'origine des sociétés; les grandes influences, les hautes notabilités prennent d'elles-mêmes place dans les assemblées, ou attirent sur elles, par leur éclat ou leur clientelle, les suffrages populaires. Alors, l'aristocratie occupe tous les conseils, et se trouve appelée naturellement par sa position élevée à représenter et à défendre les intérêts des propriétaires, ainsi qu'à exercer les grandes charges de l'état.

Dans les pays où l'ancienne constitution détruite par les révolutions ou tombée en désuétude a été remplacée par une Constitution écrite, les lois politiques demandent aussi à être refaites de main d'homme. Il est alors à désirer qu'elles émanent de la même source que la constitution qui, au moyen de cette uniformité, acquiert une nouvelle chance de durée. Malheureusement la plupart des législateurs modernes, appelés à organiser l'état pour le soustraire à une démocratie menaçante, effrayés de l'étendue de leur tâche, au lieu de promulguer les lois électorales avec les constitutions qu'ils avaient conçues, ont mieux aimé se reposer de ce soin sur les corps électifs que le hasard avait placés à côté d'eux; autant eût valu leur laisser faire la constitution elle-même, que les lois électorales destinées à l'appuyer et à la perpétuer. Une expérience récente a prouvé que les lois électorales émanées d'une chambre de députés quelconque, ou, ce qui revient au même, faites avec sa participation, manquent rarement d'être plus démocratiques que le corps populaire qui a concouru à les voter.

Nous avons déjà fait connaître les principaux caractères d'une bonne loi de suffrage. Pour qu'elle ne laisse rien à désirer, pour qu'elle atteigne son but, et ne soit pas une occasion de trouble et de désordre, elle doit être analogue à la forme du gouvernement qu'elle est destinée à soutenir[1].

CHAPITRE XXV.

Des lois de suffrage dans la république.

Dans la république, le droit de suffrage doit appartenir à tous les citoyens, à tous les propriétaires indistinctement.

CHAPITRE XXVI.

Des lois de suffrage dans l'aristocratie.

Dans le gouvernement aristocratique, il doit être

(1) On trouvera développée, au chapitre LVI, l'opinion de J.-J. sur les conditions d'une bonne loi de suffrage.

réservé aux grands propriétaires exclusivement, ou si les petits propriétaires y participent, il faut, pour faire contre-poids, y appeler les prolétaires, qui, formant la clientelle de l'aristocratie, lui assurent la prépondérance par leur vote obligé. C'est ce qui a eu lieu pendant long-temps en Angleterre, où l'introduction d'une partie du bas peuple dans les comices n'a servi qu'à donner plus d'illustration aux grandes influences du pays. Au surplus, dans la plupart des aristocraties, il n'y a point de lois de suffrage. On arrive par la naissance aux assemblées, et les nobles choisissent entre eux les magistrats. De cette façon, on est délivré du souci des élections, et l'on se met à l'abri du danger imminent d'y appeler les prolétaires, qui, dès qu'ils ne sont plus aux gages de l'aristocratie, précipitent l'état dans l'anarchie.

CHAPITRE XXVII.

Des lois de suffrage dans le gouvernement monarchique représentatif.

Dans le gouvernement représentatif, composé, comme nous l'avons dit, du roi, d'une chambre héréditaire aristocratique et d'une chambre des députés, l'accord parfait des trois pouvoirs étant la condition de l'existence de l'état, il faut, pour arriver à la conciliation facile de tous les intérêts, que la chambre des députés ne soit point formée d'élémens antipathiques à la royauté et à la chambre des pairs. Elle ne doit donc pas être républicaine, ce qui arriverait si les petits propriétaires et ceux de moyenne classe, beaucoup plus nombreux que les grands propriétaires, étaient appelés à voter. Mais comme les élus, chaque fois que les élections sont libres, sont l'image de la majorité qui les a nommés, il en résulte que, dans tout état monarchique, le corps électoral doit être composé en majorité de propriétaires appartenant à la classe élevée. Nous appelons *classe élevée,* celle dont les membres ont une fortune suffisante pour vivre de leur revenu : ce qui est à la fois une garantie de loisir et d'indépendance, deux conditions indispensables pour s'occuper utilement de la chose publique, sans donner lieu à aucun surcroit d'impôt. Pour concentrer les suffrages dans la classe élevée sans trop multiplier les exclusions, on avait imaginé assez heureusement en France, de diviser les électeurs en deux classes, c'est-à-dire, de faire deux sortes de colléges ; les uns, composés de tous les contribuables payant trois cents francs d'impôt direct et au-delà, nommaient les deux tiers des députés ; les autres, composés de la réunion du quart des électeurs pris dans chaque département parmi les propriétaires les plus imposés, choisissaient le tiers restant des membres de la chambre. Il avait été établi en outre que les individus nommés à la députation devaient payer mille francs d'impôt direct et ne recevraient aucun salaire à raison de leurs fonctions. Nonobstant ces précautions, l'élément démocratique est parvenu à se faire jour et à renverser les institutions dont nous étions redevables à la sagesse de Louis XVIII. Faut-il attribuer cette révolution à la trop grande latitude du système électoral, maintenant remplacé par un autre bien plus favorable à l'esprit républicain, ou bien a-t-elle eu pour cause principale l'excès des impôts et les fautes qui ont été commises (1) ?

(1) Il y a eu des fautes de tous genres : 1° L'établissement de l'élection directe en faveur de tout contribuable payant trois cents francs d'impôts. Cette concession trop étendue, qualifiée de *seconde charte* et modifiée depuis imparfaitement, préparait de grands embarras à un gouvernement peu économe, partisan de l'ancienne aristocratie, surchargé de contributions de guerre, et trop enclin à accorder des indemnités et des pensions. Cette seconde charte a amené plus tard l'avènement de Louis-Philippe et l'abolition de la Pairie héréditaire, considérée par tous les publicistes éclairés comme une des colonnes du gouvernement représentatif.

2° Une législation insuffisante pour réprimer la licence des journaux. On eût dû réduire les gazettes à n'être que des recueils de faits sans réflexions, n'offrant au public que les débats des Chambres fidèlement rendus, les séances des tribunaux, et la discussion de tous les comptes de finances et de gestion de deniers publics. On a trop perdu de vue que ce n'est point la liberté de la presse périodique, mais seulement la liberté de la presse qui a été garantie par la charte.

3° Des fautes d'administration ou de gouvernement. Si les Droits-Réunis eussent été abolis, suivant la promesse qui en avait été faite ; si Paris n'eût pas été favorisé outre mesure, au détriment des provinces, si la garde nationale de cette grande cité n'eût pas été dissoute, Charles X n'eût pas été renversé.

Une circonstance importante mérite d'être remarquée : c'est que jusqu'à présent les petits propriétaires n'ont montré nul empressement à solliciter la jouissance des droits électoraux, nulle satisfaction d'avoir obtenu cet avantage, et que les classes inférieures, absorbées par le soin de gagner leur existence, demandent plutôt du pain et du travail que des priviléges politiques. Les élections communales, ainsi que celles des officiers de la garde nationale, où sont appelés à figurer, en vertu de lois récentes, les plus faibles contribuables, ne s'effectuent qu'à grand'peine, tant on met de négligence à se rendre aux assemblées. Nous ajouterons, et ce ne sera pas une raison d'un faible poids, à cause de la liaison intime qui existe entre les fonctions judiciaires et les fonctions électorales, que presque tous les jurés appelés à concourir aux jugemens feraient défaut, si la crainte de subir une forte amende ne les obligeait à se rendre exactement à leur poste. Ne sont-ce pas autant de preuves que nos mœurs, plus monarchiques qu'on ne pense, et cette fois d'accord avec une saine politique, repoussent la trop grande

4° Des fautes de politique extérieure, entr'autres la conquête d'Alger, au risque d'une guerre avec l'Angleterre, sans compter que le droit de conquête est en soi fort problématique. Si l'armée d'Alger se fût trouvée en France, elle aurait peut-être maintenu le trône.

5° Des fautes de conduite. Tout le ministère Polignac en a été un tissu ; le ministère Périer, accepté à temps, aurait sauvé la monarchie. On peut en juger par les efforts heureux qu'il a faits pour consolider la nouvelle dynastie extension apportée au droit de suffrage, qui n'est pour les petits propriétaires que l'objet d'une complète indifférence, chaque fois qu'ils ne le considèrent pas comme une corvée qui les arrache à leurs occupations journalières? Or, conférer des droits à qui n'en demande pas, ou les faire exercer par contrainte, c'est s'exposer à de grands abus et s'écarter de toutes les règles de la prudence et du bon sens.

CHAPITRE XXVIII.

Les lois doivent avoir un objet général.

Les lois, comme l'a très bien dit J.-J., *doivent toujours avoir un objet général.*

A l'instant que le peuple considère en particulier un ou plusieurs de ses membres, le peuple se divise. Il se forme entre le tout et sa partie une relation qui en fait deux êtres séparés, dont la partie est l'un, et le tout moins cette partie est l'autre; mais le tout moins une partie n'est pas le tout. Tant que ce rapport subsiste, il n'y a donc plus de tout, mais deux parties inégales.

Si le souverain (on dirait mieux la souveraineté) *ne peut parler que par des lois, et si la loi ne peut jamais avoir qu'un objet général et relatif également à tous les membres de l'état, il s'ensuit que le souverain n'a jamais le pouvoir de rien statuer sur un objet particulier, et comme il importe cependant à la conservation de l'état qu'il soit aussi décidé des choses particulières, nous rechercherons comment cela se peut faire* (page 223).

Les actes du souverain ne peuvent être que des actes de volonté générale, des lois : il faut ensuite des actes déterminans, des actes de force ou de gouvernement pour l'exécution de ces mêmes lois, et ceux-ci au contraire ne peuvent avoir que des objets particuliers. Ainsi, l'acte par lequel le souverain statue qu'on élira un chef, est une loi, et l'acte par lequel on élit ce chef, en exécution de la loi, n'est qu'un acte de gouvernement (page 224).

CHAPITRE XXIX.

Du pouvoir exécutif ou administratif.

Ici, il y a une distinction importante à faire : l'acte par lequel on élit un premier magistrat, est un acte de gouvernement. Il peut émaner d'une assemblée qui, de *souveraine* qu'elle était, devenant *pouvoir exécutif*, fait, du chef qu'elle choisit, bien moins un chef de l'état qu'un premier ministre auquel, faute de pouvoir elle-même exercer le pouvoir exécutif, elle le délègue, sous la responsabilité personnelle de ce magistrat, à la charge par lui de rendre compte de son administration à l'expiration de ses fonctions. Le chef de l'état, dans cette hypothèse, ne diffère en rien du premier ministre responsable nommé dans une monarchie par le roi, avec le titre de président du conseil. Là où le peuple est souverain, le roi ou le chef de l'état ne peut être qu'un fonctionnaire public. Sa voix, au lieu de peser autant que celle d'un corps de l'état, a à peine la prépondérance sur celle d'un simple citoyen.

CHAPITRE XXX.

Des représentans et des fonctionnaires publics.

Quand une assemblée élit un roi ou nomme des représentans, elle fait acte de souveraineté. Quand elle élit des fonctionnaires, elle exerce le pouvoir exécutif et fait acte d'administration. Dans le premier cas, elle transfère sa souveraineté, dans le second cas, elle la réserve tout entière.

La différence entre un magistrat ou fonctionnaire et un représentant, c'est que le magistrat et le fonctionnaire sont responsables de leurs actes, tandis que le représentant ne l'est pas des siens. Les premiers, en certaines circonstances, peuvent encourir un châtiment. Le second en tout état de cause, est et demeure inviolable.

Le gouvernement républicain et le gouvernement aristocratique souvent désignés sous le nom de *république aristocratique*, ne diffèrent l'un de l'autre que parce que dans le premier, la souveraineté réside dans la réunion des propriétaires, tandis que dans le second, elle est placée dans la réunion des grands propriétaires, formant le corps de la noblesse. Dans l'un et l'autre de ces gouvernemens qui ont entr'eux la plus grande analogie de forme, l'assemblée dépositaire de la souveraineté agit en qualité de pouvoir exécutif quand elle élit les magistrats et les fonctionnaires. Dans la monarchie, c'est le roi qui remplit ces fonctions; il possède sans partage le pouvoir exécutif, c'est à lui seul qu'appartient le droit de nommer et de révoquer tous les fonctionnaires publics[1].

Ces derniers, sous tous les gouvernemens, sont envers les pouvoirs dépositaires de la souveraineté, responsables des actes d'exécution qu'ils ont effectués et qui, en aucun cas, ne peuvent être contraires aux

(1) Toutes les républiques, si ce n'est à l'origine des sociétés où l'on rencontre la république pure, sont mêlées d'un peu d'aristocratie; les aristocraties de quelques parties démocratiques; les monarchies, essentiellement d'aristocratie et souvent d'un peu de despotisme. C'est toujours l'élément prédominant qui donne au gouvernement le nom par lequel on le désigne.

lois. Voilà pourquoi tous les actes du pouvoir exécutif, appelés aussi actes d'administration, ne sont valables qu'autant qu'ils sont contresignés par un ministre qui, en les revêtant de sa signature, en garantit la régularité. Le souverain, comme l'a très-bien démontré Rousseau, n'ayant jamais le pouvoir de rien statuer sur un objet particulier, il en résulte que l'administration, dans le sens le plus étendu du mot, est dévolue au pouvoir exécutif, qui l'exerce sous la responsabilité des minstres ou des agens qu'il emploie.

CHAPITRE XXXI.

D'un abus grave qui s'introduit dans le gouvernement représentatif.

Ce qui jette beaucoup d'entraves dans le gouvernement représentatif et prolonge sans profit les sessions législatives, c'est la prétention de la chambre des députés de s'immiscer à tout propos dans l'administration, de régler législativement les moindres objets, de fixer sous quelle condition les emplois seront accordés, de quelle façon l'argent sera dépensé, quelle somme sera affectée à tel ou tel service, ou à telle nature de fonctions, c'est ce qu'on appelle la *spécialité*. Usurpant un des priviléges de l'autorité royale, elles obligent à chaque instant les ministres à leur rendre compte de l'état des négociations les plus délicates avec les puissances étrangères, sans attendre pour s'en informer qu'elles soient complètement terminées. Ces excès de pouvoir ont été poussés si loin que le gouvernement est en quelque sorte descendu dans les chambres, et que l'action du pouvoir exécutif en est fréquemment contrariée. Les chambres, notamment celle des députés, ayant de fait, sinon de droit, la faculté de renverser le ministère en lui retirant l'appui de la majorité, devraient, comme en Angleterre, borner leur influence à s'assurer que l'esprit de l'administration est conforme à leurs vues, sans se plonger dans un océan de menus détails qui décèle un esprit de méfiance et de petitesse, contraire à la hauteur de leur mission. Renonçant à la prétention de diriger le ministère, elles devraient le soutenir, s'il a leur confiance, le repousser s'il ne l'a pas, tandis qu'en se conduisant comme elles font, elles violent la constitution, et se donnent inutilement beaucoup de souci; car il n'y a pas de pire administration que celle qui a lieu à la tribune et s'exerce à la pluralité des voix.

CHAPITRE XXXII.

De la généralité de la loi.

J.-J. observe qu'une loi ne mérite ce nom qu'autant qu'elle a un objet général et qu'on peut apercevoir en elle une résolution du peuple sur le peuple même.

CHAPITRE XXXIII.

De la généralité de la loi dans les états républicains.

La définition qui précède, rigoureusement logique, ne convient guère à la loi que dans un petit état où tous les citoyens, membres pour ainsi dire d'une même famille, sont placés dans une position identiquement semblable.

CHAPITRE XXXIV.

De la généralité de la loi dans les états monarchiques.

Dans un état vaste, la diversité des intérêts provenant de la différence des mœurs, des industries, des climats, des cultures, ne permet pas aux lois d'avoir ce caractère de spécialité qui ne s'écarte jamais du but. Elles ne peuvent ni gréver, ni protéger les citoyens avec cette mesure parfaite dont chacun est l'appréciateur et le propre juge, ni s'adapter à des situations diverses avec cette justesse selon laquelle elles saisissent dans la république des citoyens égaux de fortune et entre lesquels n'existe souvent aucune différence assignable. Pour faire observer les lois dans les grands états, il faut donc que le pouvoir exécutif ait plus de force que dans les petits, surtout à l'époque où les prolétaires, ennemis par leur nature des lois conservatrices, viennent, en augmentant les forces matérielles de la nation, y introduire des germes de désordre et d'anarchie dont il faut empêcher le développement; plus un état s'agrandit, plus le pouvoir exécutif doit y être énergique.

CHAPITRE XXXV.

De l'action de la loi dans les états despotiques.

Enfin, dans les états despotiques, toujours fort étendus, parce que le despotisme essentiellement dévastateur s'entoure de déserts et ne vit pas de peu, la loi, devenant un instrument d'oppression dirigé contre la population laborieuse, il importe que le pouvoir exécutif soit porté au plus haut degré de force, afin d'être prêt à briser à chaque instant les résistances qu'il appelle. Dans le despotisme, les lois sont extrêment simples, presque jamais écrites; elles sont appliquées de la manière la plus arbitraire. La justice, dépouillée de formes, réside dans la volonté du chef et de ses officiers; la loi, dans l'état despotique, se confond avec l'action du gouvernement et le pouvoir exécutif. Elle veut ce que veut le chef de l'état, ou, en l'absence de ce dernier, le moindre de ses officiers; elle frappe, elle dépouille tout ce qui s'élève, tout ce qui prospère, tout ce qui s'enrichit, tout ce qui pourrait faire ombrage, et n'épargne, hors de l'enceinte du palais, que la milice turbulente au profit de qui elle s'exerce et les petits dont le front est caché dans la poussière; la religion est le seul frein qu'elle respecte.

CHAPITRE XXXVI.

Des sentimens qu'inspire la loi à ceux qui y sont soumis dans les trois espèces de gouvernement.

Dans la république, la loi est un objet d'amour, parce que elle est égale pour tous et que tous les citoyens en voient immédiatement l'utilité.

Dans la monarchie, c'est un frein indispensable mais incommode dont on reconnaît l'avantage et dont on cherche à s'affranchir en travaillant subtilement à l'imposer aux autres.

Dans le despotisme, c'est un objet de terreur, un instrument de dommage qui frappe avant d'avertir.

CHAPITRE XXXVII.

Des rapports qu'il y a entre l'étendue de l'état et la forme du gouvernement.

Les considérations qui précèdent ont fait dire à Montesquieu, que les petits états devaient être gouvernés en république, les états d'une étendue médiocre en monarchie, tandis que les très-grands états rendaient nécessaire le régime despotique, plus ou moins mitigé.

J.-J. a également reconnu (page 230), que le *sujet restant toujours un, le rapport du souverain augmente à raison du nombre de citoyens. D'où il suit que, plus l'état s'agrandit, plus la liberté diminue; car, moins les volontés particulières se rapportent à la volonté générale, plus la force réprimante doit augmenter. D'où il faut tirer cette conséquence, qu'il doit y avoir autant de gouvernemens différens de nature, qu'il y a d'états différens en grandeur..... Plus le peuple est nombreux, plus la force réprimante du gouvernement doit augmenter.* Si, au lieu du mot *peuple*, J.-J. eût dit : plus les prolétaires sont nombreux, il eût rencontré la vérité.

CHAPITRE XXXVIII.

De la monarchie fédérative.

Dans les anciennes monarchies, on s'était avisé d'un moyen ingénieux pour tempérer la rigueur des lois et les approprier aussi exactement que possible aux diverses situations et aux nuances d'intérêt distinctes que présente toujours un vaste territoire.

Le royaume était partagé en autant de provinces que la monarchie comptait dans son sein de peuples d'origine diverses, qui jadis jouissaient d'une existence indépendante, en se gouvernant par leurs propres lois. Chaque province avait un intendant ou gouverneur qui administrait au nom du roi. En outre, elle possédait sous le titre *d'État*, une assemblée composée des plus hautes notabilités locales, ou, au moins, un corps judiciaire nommé *Parlement* qui en tenait lieu, et dont les membres appartenaient aux principales familles de la province. Le roi, à son avènement, jurait de respecter les priviléges et les coutumes de chaque province, débri de leur ancienne institution épargné par le temps. Quand le roi voulait porter une loi ou lever un impôt, il fallait au préalable que l'ordonnance qui l'établissait eût obtenu l'assentiment des états, ou qu'elle eût été enregistrée par les corps judiciaires de la province; s'agissait-il de quelque mesure dont l'extrême importance intéressait également toutes les parties du royaume, le roi convoquait les états-généraux composés des députés des états de chaque provinces, et rien n'était valable qu'après la ratification des états-généraux.

Sous cette espèce de fédéralisme, chaque province conservant une sorte d'individualité, ne pouvait être assujettie à aucun nouvel impôt, à aucune loi nouvelle que de son plein gré et après que ses représentans en avaient reconnu la nécessité. Il serait difficile de trouver une combinaison plus favorable à la véritable liberté et à la défense de chaque nature d'intérêt.

Ce genre de gouvernement essentiellement conservatoire, puisque le *veto* y était pour ainsi dire un droit commun exercé tour-à-tour par les divers corps de l'état, avait l'inconvénient ou l'avantage de ne pas se prêter aisément aux innovations et de ne fournir que difficilement des moyens de défense aux nouveaux intérêts que le temps et les changemens de mœurs avaient créés. Dans un grand nombre de pays, ces nouveaux intérêts, d'une nature démocratique, ont profité du désordre des finances et du besoin qu'on a eu de recourir à leurs subsides, pour renverser ou modifier la constitution et faire succéder leur prépondérance à celle des classes qui l'exerçaient auparavant.

CHAPITRE XXXIX.

De la république fédérative.

Le gouvernement républicain des États-Unis offre quelques rapports avec celui dont il vient d'être question.

Chaque province des États-Unis d'Amérique a en particulier un gouverneur électif et des assemblées à la décision desquelles sont soumis tous les intérêts de localité. En outre, elle envoie des députés au congrès composé de deux assemblées, l'une démocratique ou républicaine, l'autre quasi-aristocratique[1]. Le congrès, sous la direction du président élu pour quatre ans, vote les impôts généraux et les mesures qui intéressent les diverses parties de l'Union. Ainsi, toutes les natures d'intérêt sont exactement protégées.

(1) Nous disons quasi-aristocratique parce que, dans ce pays, à raison de l'abandon des terres vacantes à distribuer, il n'y a, pour ainsi dire, pas de prolétaires; par cette même raison, la présidence réduite, à peu de chose près, au pouvoir exécutif, n'est guère qu'une magistrature responsable.

CHAPITRE XL.

Des causes qui amènent la chûte des monarchies fédératives.

Les monarchies tempérées, qu'on nomme quelquefois *absolues*, surtout quand les états-généraux n'ont pas été assemblés depuis long-temps, et qu'on appellerait plus exactement *parlementaires*, *provinciales*, *fédératives* ou *aristocratiques*, périssent par l'affaiblissement de l'aristocratie et par l'aversion qu'on porte aux notabilités locales qui, ayant perdu leur fortune, ne peuvent plus exercer le même ascendant qu'autrefois, ni répandre les mêmes bienfaits, et qui cependant exigent les mêmes déférences. Cette prétention inspire aux classes qui viennent après elle un sentiment de jalousie contre leur domination, mêlée toujours d'un peu d'orgueil. Il faut également remarquer que la couronne, mécontente soit des résistances qu'elle éprouve, soit des refus de subsides qu'on lui fait essuyer, et qui, dans l'origine, partent exclusivement de l'aristocratie (1), s'applique avec ardeur à abaisser cette dernière, en l'attirant à la cour où elle l'oblige à se ruiner par le faste et les dépenses, ou bien en suscitant contre elle

(1) Les résistances au pouvoir partent toujours de l'aristocratie ou de la classe qui l'a supplantée et qui en tient lieu.

toute espèce de persécutions et de rivalités. On se souvient de la rigueur implacable avec laquelle Richelieu s'acharna contre les grands vassaux de la couronne. Il fit détruire leurs châteaux, employa contre eux la ruse et la violence, et mit tout en œuvre pour abolir leur influence. Ce grand ministre, abusé par la soumission des communes et l'humble reconnaissance de la bourgeoisie, ne prévoyait pas que le trône trouverait un jour dans la démocratie un ennemi bien autrement redoutable que celui dont il voulait le délivrer.

CHAPITRE XLI.

Des causes qui amènent la chûte des républiques fédératives.

Les républiques fédératives finissent par l'accroissement du nombre des prolétaires. Ceux-ci ayant besoin pour être contenus d'un pouvoir exécutif plus énergique que celui qui suffisait à une réunion de propriétaires essentiellement calmes et amis de l'ordre, rendent nécessaire l'introduction du régime monarchique.

En France, la monarchie parlementaire et les administrations provinciales, après une longue révolution, pendant laquelle le pays a inutilement cherché, à travers tous les régimes, une forme de gouvernement à laquelle il lui convint de s'arrêter, ont été remplacées par le gouvernement monarchique représentatif, qui lui-même, par les infractions qu'on se permet contre les règles qui en forment la base, menace de dégénérer en démocratie royale.

CHAPITRE XLII.

Du degré de protection qu'obtiennent les intérêts sous le gouvernement représentatif.

Sous le gouvernement représentatif dont nous avons déjà indiqué la composition, les assemblées des départemens, impuissantes fractions des anciennes assemblées provinciales, n'ont d'autre fonction à remplir que de répartir entre les contribuables les impôts accordés par la chambre des députés, ou de voter, sous l'approbation ministérielle, quelques contributions insignifiantes. Les libertés locales sont donc nulles ou peu s'en faut. A la vérité, la chambre des députés, revêtue de l'initiative de l'impôt, est censée composée sans exception des représentans de tous les intérêts qui se partagent le sol. Assurément, s'il en était ainsi, l'ordre de choses que nous examinons ne laisserait rien à désirer. Mais si l'on regarde de près les élémens dont est formée la chambre élective, on reconnaîtra que beaucoup d'intérêts y sont en minorité. Ainsi, en France, le midi est sacrifié au nord qui, plus énergique, tend toujours à le dominer; les départemens sont sacrifiés à la capitale, les intérêts des propriétaires de vignobles à ceux des maîtres de forges, et ceux des propriétaires de terres labourables aux intérêts des manufacturiers; les habitans des campagnes à ceux des villes. Nous ne parlons pas des intérêts de la grande propriété; on sait le sort qui les attend dans une assemblée élue en masse par la moyenne propriété. En définitive, on peut dire, en général, que, dans une assemblée délibérante, tous les intérêts qui se trouvent en minorité sont impitoyablement sacrifiés[1]. Dans les états dont la civilisation est avancée et où le luxe crée sans cesse de nouveaux besoins, les contribuables succombent sous le poids des charges publiques; l'excès de ces dernières est la seule cause qui détermine à recourir à un mode de résistance régulier pour défendre les intérêts privés contre les exigences du fisc. Chaque classe, naturellement portée à s'exagérer son importance et ses souffrances, ne laisse donc jamais échapper l'occasion de se dégrever aux dépens des autres, croyant peut-être en cela ne faire que se rendre justice. C'est ainsi que la propagation d'une plante, si elle ne trouvait obstacle dans les autres, couvrirait bientôt le

(1) Voyez un petit écrit intitulé : *Du sort des Minorités dans les Gouvernemens représentatifs et dans les Assemblées délibérantes.* — Paris, 1830.

monde entier. Quel pays a plus souffert que l'Irlande de l'injuste oppression de l'Angleterre ? C'est ce qui a fait dire, non sans motifs, que le joug imposé par les peuples libres était le plus lourd à supporter, et qu'il n'y avait pas de pire tyrannie que celle qui était exercée à l'ombre des lois.

CHAPITRE XLIII.

Suite du chapitre précédent.

Dans le gouvernement représentatif, tous les intérêts convoqués et placés en présence dans une assemblée principale sont livrés au hasard d'une majorité qui en fait prédominer quelques-uns. Ceux-ci, si on n'y met ordre, après avoir obtenu aux dépens des autres une prospérité passagère, finissent à leur tour par se ressentir des souffrances auxquelles ils les ont condamnés. Il est donc fort important, sous le régime représentatif, que la chambre aristocratique et surtout a royauté soient fortes. C'est à l'une de ces circonsances que l'Angleterre a été redevable de sa longue rospérité. En effet, il n'appartient qu'à ces institu'ons salutaires, agissant de concert, ou l'une à défaut e l'autre, d'empêcher la majorité de la chambre des putés de devenir prépondérante. Elles seules peuvent lui opposer un contre-poids suffisant pour offrir un abri aux intérêts menacés. S'il en était autrement, les lois, au lieu d'être égales pour tous, et d'être l'expression de la volonté générale, ne seraient plus que l'expression d'une volonté particulière, *car le tout, moins une partie, n'est pas le tout*, comme l'a très-bien dit J.-J. Alors le gouvernement représentatif changerait de forme; la souveraineté, au lieu de reposer dans la réunion des trois pouvoirs, se concentrerait dans le parti ou dans l'intérêt auquel appartiendrait la majorité de la chambre des députés. Au lieu d'avoir un gouvernement équitablement pondéré, on serait en proie à une nouvelle espèce de despotisme, on subirait le joug plus ou moins dur d'une faction. De là à une scission, il n'y a qu'un pas, chaque fois que les circonstances la favorisent, et, quand elle n'est pas possible, on voit éclater une guerre civile ou des tentatives de révolution pour obtenir un gouvernement moins oppressif.

CHAPITRE XLIV.

Des accroissemens de territoire.

Selon les époques et les circonstances qui portent à préférer l'un à l'autre, le système républicain fédératif et le système monarchique provincial sont très-propres à favoriser les accroissemens de territoire, parce que les mœurs et les lois des peuples annexés ne subissent aucune altération, si ce n'est de leur plein gré. Aucun impôt ne pèse sur eux que de leur consentement, et leur liberté demeure intacte.

Loin de là, le système d'adjonction à la république, et plus tard d'incorporation à l'empire, qui furent en vigueur en France pendant plusieurs années, étaient essentiellement vexatoires. Un pays était-il conquis? à l'instant on l'organisait, selon les temps, en république ou en royaume, ou bien on le divisait en départemens français. Dans le premier cas, on le soumettait à titre d'allié à des subventions exorbitantes; dans le second, en vertu de la centralisation, on lui envoyait des préfets et des fonctionnaires qui le ployaient à l'uniformité administrative, en faisant impitoyablement peser sur lui le joug de la conscription et celui des droits-réunis. Notre politique étant essentiellement agressive, les peuples ainsi associés à notre sort se trouvaient immédiatement enveloppés dans les guerres les plus désastreuses, en sorte que la liberté dont on les dotait ne différait guère du plus dur esclavage.

CHAPITRE XLV.

Des intérêts coloniaux.

Parmi les intérêts en minorité dans les assemblées, et par conséquent fréquemment sacrifiés, il n'en est pas dont la condition soit plus déplorable que ceux des colonies. La présence de quelques députés, à peine écoutés et qui n'exercent aucun poids dans les délibérations sert à légitimer tous les dénis de justice, en ôtant aux colons le droit de se plaindre d'une législation à laquelle leurs mandataires ont l'air d'avoir concouru.

Cette considération avait déterminé l'autorité royale, dans la charte de 1814, à statuer que les colonies seraient régies par des ordonnances particulières. Cette mesure était sage et profondément réfléchie, car il entre essentiellement dans les attributs de la royauté d'empêcher les injustices et les abus de pouvoir, de représenter et de défendre non-seulement les intérêts des prolétaires, mais encore tous ceux qui sont imparfaitement représentés. De cette façon, cette institution devient une sorte de régulateur, qui maintient toutes les parties de l'état en équilibre. Au surplus, l'article de la charte que nous venons de rappeler n'empêchait pas la royauté, avant de rien régler sur les colonies, de s'entourer de son conseil et de tous les avis capables de l'éclairer. Dans la monarchie, une maxime constante c'est que le roi ne peut rien statuer sans être aidé de son conseil. Ajoutons aussi que les colonies, en 1814, conservaient encore quelques débris des anciennes libertés provinciales, en vertu desquelles les ordonnances royales ne devenaient obligatoires qu'après avoir été enregistrées par la cour de judicature, composée de magistrats pris parmi les notabilités des colonies.

La charte de 1830, en stipulant que les colonies seraient régies par des lois particulières, et en refusant aux colons la faculté presque illusoire, mais que du moins pour la forme on devait leur réserver, d'envoyer des députés à la chambre élective, où l'on élabore ces mêmes lois, a sanctionné à leur égard le despotisme le plus rigoureux auquel un pays puisse être soumis, celui d'être gouverné sans être entendu[1].

La manie des distinctions est un grand abus, mais la fureur d'établir l'égalité partout est un fléau destructeur. Croirait-on que c'est pour faire jouir les colonies de l'*égalité* qu'on prive les colonies des droits politiques que les gouvernemens absolus ont rarement contestés à leurs sujets ?

On a remarqué que dans tous les états où les colonies étaient soumises à la discrétion d'une assemblée, elles

(1) Le député unique choisi par chaque colonie pour résider à Paris et soumettre au gouvernement les demandes et les plaintes des colons, n'est qu'un simple chargé d'affaires sans influence politique, ayant à peine voix consultative auprès des ministres.

n'avaient pas tardé à dépérir et à éprouver de grands malheurs. Les états libres ne gardent jamais long-temps leurs colonies. A une époque, en les accablant d'impôts, ils les poussent à se séparer de la mère-patrie, si elles ne renferment point d'esclaves et si elles sont assez considérables pour se protéger elles-mêmes, deux conditions nécessaires pour arriver à l'indépendance. A une époque ultérieure, quand les divisions politiques éclatent dans le sein de la métropole, la faction démocratique, pour embarrasser la faction rivale, oblige les colonies à accorder la liberté aux esclaves. L'assemblée constituante et l'assemblée législative ont causé la perte de Saint-Domingue. Le parlement anglais, long-temps avant, par son obstination et sa fiscalité (l'ère des idées libérales et philantropiques n'était pas encore arrivée) priva la Grande-Bretagne de la colonie de la Nouvelle-Angleterre, qu'il croyait pouvoir impunément surcharger d'impôts. Quant aux colonies des Antilles anglaises, long-temps ménagées parce qu'elles appartenaient à l'aristocratie, elles sont maintenant en décadence, grâce aux idées de liberté progressive qu'on s'efforce d'y introduire et qui, à la Jamaïque, ont déjà armé les esclaves contre leurs maîtres. Enfin, si l'Angleterre conserve encore ses possessions de l'Inde, elle en est redevable à la compagnie, qui a soustrait jusqu'ici ces riches établissemens à l'influence de la chambre des communes. Celle-ci, par déférence pour une opposition à laquelle elle cède souvent sur les questions lointaines pour obtenir l'ajournement d'autres questions plus menaçantes, se laisse aller assez volontiers à des concessions d'indépendance, qui ne coûtent aucun sacrifice à ceux qui les votent, mais qui attentent non-seulement à la propriété des colons (que deviennent en effet les propriétés sans les bras nécessaires pour les cultiver?), mais encore à l'existence de la classe blanche. En effet, appeler l'esclave, qui ne possède rien, à la liberté, c'est l'exciter à dépouiller et à égorger son maître. On peut en attester et la catastrophe de Saint-Domingue et cette foule de tentatives sanglantes, si difficilement réprimées, et qui n'ont jamais manqué de suivre immédiatement chaque mesure destinée à amener par degré l'abolition de la servitude. Pour que l'esclave n'abusât pas de l'indépendance, il faudrait, avant de briser ses fers, le rendre propriétaire d'une étendue de terrain suffisante pour le faire vivre. Mais, dans cette hypothèse, que deviendraient les colonies?

En général, depuis 1789, la France a manifesté une tendance anti-coloniale, dont l'effet n'a été interrompu que pendant le règne de Louis XVIII. En Angleterre, depuis que le parti de la réforme a obtenu l'ascendant, vainement le parti *tory* a-t-il cherché à désarmer son adversaire par des concessions coloniales, et en dernier lieu par l'abolition du serment du test, l'admission des catholiques au droit de suffrage, la destruction des *bourgs-pourris*, la fixation du cens électoral. Ces concessions, loin de gagner les *whigs*, n'ont fait que les rendre plus exigeans, en leur faisant sentir leur force. En effet, les partis sont implacables et ne se contentent pas d'une demi-victoire; ils se détestent encore plus, surtout quand la licence de la presse vient raviver leurs haines, qu'ils ne détestent l'étranger et les ennemis de la patrie. De là, leurs propensions, quand ils sont faibles, à appeler l'étranger à leur secours; de là l'affection que témoignent les libéraux exagérés pour les nègres, les hommes de couleur, les démocrates de tous les pays. En définitive tout ce qui affaiblit la royauté et l'aristocratie leur est bon, et pour arriver à ce but, on leur voit contracter les alliances les plus bizarres. Ils ne réfléchissent pas que ces institutions, tant qu'elles sont fortes, prodigues de bienfaits envers les prolétaires, calment et adoucissent les misères de la classe la plus nombreuse et la plus pauvre, adoucissent les frottemens de la machine sociale, et peuvent être comparées à des soupapes de sûreté, sans lesquelles tout gouvernement dont la population est nombreuse est sujet à des explosions inévitables.

CHAPITRE XLVI.

Des causes qui déterminent un état à s'agrandir.

Puisque, selon Rousseau (page 227), *plus l'état s'agrandit, plus la liberté diminue*, on demandera pourquoi les états cherchent à s'agrandir, au lieu de demeurer sous une forme qui se concilie davantage avec le bonheur des citoyens et la défense de leurs droits. C'est la dure nécessité de résister à un voisin puissant, ou à des nations étrangères, qui a déterminé ces agrégations de plusieurs petits peuples qui, ayant contracté l'habitude de vivre ensemble, forment les divers corps de nations qui partagent l'Europe. Il n'a fallu rien moins que le besoin de défendre leurs foyers pour porter les hommes à faire le sacrifice d'une portion de leur liberté, car *plus l'état s'étend*, dit J.-J. (page 229), *plus sa force réelle augmente*. La Gaule du temps de César présentait un grand nombre de confédérations qui marchaient ensemble sous les mêmes bannières et souvent sous le même chef. Elles ont fini par former un tout compact, auquel on a donné le nom de France. A mesure que les états vieillissent, les lignes de démarcation de province à province tendent successivement à s'effacer. Il y a aujourd'hui moins de différence d'un Allemand à un Français, qu'il n'y en avait jadis d'un Bourguignon à un Normand.

CHAPITRE XLVII.

Des chefs de l'état, de l'inviolabilité, de la responsabilité des magistrats.

Nous insisterons de rechef sur une erreur dans laquelle est tombé J.-J. Rousseau. Bien que nous l'ayions déjà indiquée, nous croyons utile d'y revenir, parce qu'elle prête à des conséquences qu'on ne doit pas laisser passer sans contradiction. Dans la république, l'assemblée unique, dépositaire de la souveraineté, n'aliène pas ce dépôt, parce qu'elle peut toujours en faire usage. Elle n'en transmet à personne aucune partie. Demeurant en outre pouvoir exécutif, elle se borne à faire exercer ce pouvoir par des magistrats temporaires, responsables de leur administration et tenus à rendre compte. Elle se réserve la faculté et le droit d'agir et de juger directement elle-même chaque fois qu'elle le trouve bon ou que l'importance des circonstances le requiert. J.-J. conclut de là, par analogie :

Que les chef du peuple, sous quelques noms qu'ils soient élus, ne peuvent jamais être autre chose que les officiers du peuple auxquels il ordonne de faire exécuter les lois; que ces chefs lui doivent compte de leur administration, et doivent être soumis eux-

mettes aux lois qu'ils sont chargés de faire observer; que le peuple ne peut aliéner son droit suprême, mais qu'il peut le confier pour un temps (page 225).

Ces choses sont vraies dans la république et dans un petit état, parce qu'elles y sont praticables, parce que la réunion d'un nombre borné de propriétaires compose l'assemblée unique que J.-J. appelle ici le *peuple*, et que cette assemblée, à tout instant facile à réunir, peut faire certains actes de gouvernement et même d'administration fort importans, tels qu'*élire*, *juger*, nommer aux fonctions publiques. Elles cessent de l'être dans un grand état où les actes dont nous venons de parler deviennent impossibles à un peuple de trente millions d'âmes, répandu sur un territoire de dix mille lieues carrées et mêlé de prolétaires qu'il faut surveiller sans cesse et qui, livrés à eux-mêmes, tendraient à détruire l'ordre social.

Egaré par une fausse similitude, Rousseau s'en est étayé pour conclure : *que le peuple ne peut se donner ni maître, ni représentant*, mais seulement des magistrats sujets à rendre compte, et conséquemment responsables, en un mot, des officiers du peuple[1].

(1) Théoriquement parlant, en poussant tout à l'extrême et se plaçant hors de la sphère des réalités, il faut bien convenir que les représentans, quoique irresponsables, quoique exerçant la souveraineté, ne la possèdent pas au même degré que l'assemblée composée de la réunion de tous les citoyens, en supposant celle-ci, dans la rigueur du raisonnement, susceptible d'être réunie intégralement et procédant à l'unanimité.

Il suivrait de là que tous les peuples devraient, à certaine époque, se former en assemblée unique, soit pour élire leurs magistrats, soit pour se faire rendre compte de l'administration, soit pour faire les lois selon lesquelles ils désireraient être gouvernés.

En effet, la nation, dans cette hypothèse irréalisable, pourrait abolir la propriété, s'expatrier, vendre le territoire aux étrangers, changer la forme du gouvernement, détrôner la dynastie sans que personne le trouvât mauvais. C'est ce qui a fait dire ailleurs à Rousseau : *Si un peuple veut se faire mal à lui-même, qui est-ce qui a le droit de l'en empêcher?* Les représentans ne peuvent rien faire de tout cela. Le seul frein qui les en empêche, outre les impossibilités dérivant de la nature des choses, et dont nous faisons abstraction ici pour abonder dans le sens de Rousseau, ce sont leurs sermens et leurs intérêts. Voilà pourquoi il importe de les choisir, afin d'avoir double garantie de leurs actes, dans une classe où leurs intérêts s'identifient avec ceux qui sont inhérens à la forme du gouvernement qu'on a adoptée. En effet, s'ils commettaient des fautes ou des crimes dans l'exercice de leurs fonctions, ils seraient coupables, mais seulement devant leur conscience; ils ne pourraient légalement encourir aucune punition, même après l'expiration de leur mandat. En résumé, les représentans ont tous les droits des représentés, moins celui d'aliéner et de détruire la chose qui leur est confiée, ce qui suffit, dans tous les cas possibles, pour laisser au gouvernement toute la latitude qu'on peut désirer.

Sans doute la souveraineté en matière de forme de gouvernement et de haute administration réside dans le peuple, mais dans le peuple tout entier, c'est-à-dire, dans l'universalité de la nation, et non dans une fraction du peuple. Cette souveraineté cesse dès que le peuple est trop étendu pour se réunir en assemblée régulière susceptible de voter simultanément et avec ordre. Dès-lors la volonté générale du peuple ne s'explique plus que par son silence, ou par l'issue d'une guerre civile, dont le résultat se trouve accepté par une adhésion tacite ; or, personne n'a le droit de l'interroger à ce prix, pour mettre en problème l'ordre existant.

Rousseau, sans reculer devant ces conséquences qu'il énonce formellement dans le Contrat Social, livre 3, chapitre 18, en entrevoit néanmoins l'absurdité et promet d'indiquer plus tard un remède contre les difficultés qui en résulteraient [1]. Il s'appuie au surplus des assertions que nous venons de transcrire pour affirmer : *Que le peuple peut porter ses lois lui-même* (page 225); ce qui est vrai d'une nation naissante composée en majorité de propriétaires et vivant en conséquence sous le régime républicain, mais ce qui est faux, c'est-à-dire, matériellement impossible pour tout autre peuple :

Qu'un peuple ne doit pas avoir beaucoup de lois ; c'est ce que personne ne contestera.

Que le peuple romain était un grand peuple et faisait lui-même des lois ;

Rousseau oublie que le peuple romain était concentré dans une seule ville qui dominait l'univers. D'où il suit qu'il n'était en réalité qu'un très-petit peuple, mais exerçant une immense domination, grâce à un système de centralisation, qui maintenant ne pourrait plus être praticable. Au moyen de cette combinaison,

(1) En proposant l'établissement des pactes fédératifs, ligues ou confédérations (page 233). Nous avons fait connaître les lois qui règlent ces sortes d'institutions et qui paraissent avoir échappé à J.-J., qui n'a eu égard qu'aux associations de peuple à peuple, en vue de maintenir la paix perpétuelle, d'après le système de l'abbé de Saint-Pierre.

au centre était la liberté, et encore quelle liberté! partout ailleurs l'esclavage.

Rousseau, comme pour se disculper de l'espèce d'apologie qu'il vient de faire du gouvernement du peuple romain, qui ne fut vraiment digne d'envie que tant que Rome fut pauvre, médiocrement peuplée et resserrée dans une étroite enceinte, s'empresse d'ajouter : *Il n'est pas bon qu'il y ait de grands peuples.* Bientôt nous l'entendrons dire : Il n'est pas bon qu'il y ait de grandes villes, *on sait quelles mœurs l'entassement du peuple et l'inégalité des fortunes doit partout produire* (page 235).

CHAPITRE XLVIII.

Examen critique de la définition donnée par J.-J. de la démocratie, de l'aristocratie et de la monarchie.

Rousseau, pour nous donner des définitions de la démocratie, de l'aristocratie et de la monarchie, part de la proposition déjà combattue, qu'un peuple ne peut se donner de représentans, proposition essentiellement fausse, car ce qu'un peuple ne peut pas faire par lui-même, il faut bien que quelqu'un le fasse à sa place, surtout quand il y va de son existence.

S'étayant ensuite de l'observation que *le nombre*

des magistrats suprêmes ou chefs de la nation doit être inverse de celui des citoyens (page 231), il conclut selon qu'un état est petit, moyen ou grand, que le gouvernement doit être démocratique, aristocratique ou monarchique.

Rousseau en ce dernier point est d'accord avec Montesquieu.

Le gouvernement des Etats-Unis d'Amérique, qui n'existait pas à l'époque où écrivaient Rousseau et Montesquieu, est venu à quelques égards infirmer cette maxime politique, qui du reste peut passer pour vraie, tant elle est d'une application générale.

Rousseau eût rencontré la vérité et ramené l'exception à la règle, s'il eût dit : que le nombre des magistrats suprêmes *composant le pouvoir exécutif*, doit être en raison inverse du nombre des citoyens, avec cette circonstance que le régime démocratique ou républicain est appelé par la nature des choses, quand l'état ne renferme point de prolétaires ou quand il en renferme peu; le régime aristocratique, quand il en renferme un nombre médiocre; le monarchique quand il en renferme un très-grand nombre. Il est aisé de voir de là que la forme du gouvernement résulte moins du nombre des habitans que du rapport de la population à l'étendue du territoire, ou du nombre des propriétaires à celui des prolétaires.

Quant aux définitions des trois sortes de gouvernement que nous allons examiner successivement, la seule qui soit juste est celle-ci : que la démocratie est un état où le peuple fait la loi et la fait exécuter par des ministres de son choix et responsables de leur administration.

Hors de là, Rousseau ne fait qu'entasser erreurs sur erreurs, parce qu'il voit pour ainsi dire la démocratie partout, ainsi qu'on va s'en convaincre par l'exposé suivant :

Dans la démocratie, dit-il, le pouvoir exécutif est composé de tous les citoyens. Alors il est irresponsable parce qu'il se confond avec l'assemblée souveraine.

Dans l'aristocratie, il est composé d'un moindre nombre de citoyens.

Jusqu'ici, Rousseau est dans le vrai, mais il s'égare quand, essayant de préciser son idée, il ajoute :

Que la démocratie, sans perdre le caractère qui la distingue, peut embrasser le peuple entier ou se resserrer jusqu'à la moitié (page 230); auquel cas cette moitié serait irresponsable et souveraine; *tandis que l'aristocratie peut de la moitié du peuple* (Rousseau n'a pas osé dire : de la moitié moins un) *se resserrer indéterminément jusqu'au plus petit nombre;* dans ce cas, cette moitié moins un, ne serait qu'une réunion de magistrats responsables envers un tout imaginaire, qui ne se rassemblerait jamais et auquel appartiendrait exclusivement le droit de faire la loi.

Ainsi, il suffirait de l'indisposition d'un citoyen pour transformer une démocratie en aristocratie, et de son retour à la santé pour remettre la démocratie en vigueur. Ainsi, ce ne serait pas l'étendue des biens et l'opulence des chefs de l'état, mais leur petit nombre qui constituerait l'aristocratie.

De la façon dont Rousseau comprend le gouvernement aristocratique qu'il ne distingue pas du républicain, les membres de la noblesse et de l'aristocratie, ainsi que tous les citoyens composant les assemblées qui constituent cette forme de gouvernement, seraient les délégués responsables du peuple. Il s'ensuivrait qu'ils ne seraient pas dépositaires de la souveraineté et n'auraient pas le droit de faire la loi, mais que ce droit n'appartiendrait légitimement qu'à la totalité du peuple, laquelle n'en use jamais et n'est jamais rassemblée dans l'aristocratie ni même dans la plupart des républiques.

De même, dans la monarchie, le pouvoir exécutif consisterait dans un seul individu qui, malgré le titre de *roi*, ne serait que le délégué responsable du peuple, aussi bien que les membres des corps intermédiaires qui concourent avec lui à faire la loi, ou ce qu'on croirait être la loi. Car, selon le système de Rousseau, il n'y aurait que la réunion de vingt-cinq ou trente millions d'habitans dont se compose la monarchie qui constituât le véritable souverain. Partant de là, tout ce que la nation supporterait serait censé légitime, parce que son consentement se présumerait de son silence ; mais en revanche toute insurrection le serait aussi, puisque, dans la monarchie, la loi ne serait qu'une sorte d'usurpation en vertu de laquelle un seul homme et ses conseils se feraient forts, à leurs risques et périls, d'être les organes fidèles du peuple entier.

Selon J.-J., il n'y aurait donc de gouvernement régulier, rationnel, obligatoire, légitime que la démocratie ou à défaut, ses dérivés, c'est-à-dire, *la république élective* que, par une erreur grave de nomenclature, il confond avec aristocratie et à laquelle il faudrait recourir quand l'étendue du territoire rendrait impraticable la démocratie pure, et la *démocratie royale* qu'il appelle à tort monarchie, et à laquelle il faudrait également se résigner quand surviendrait un nouvel accroissement de territoire.

Du point de vue où il se place, la diversité des institutions politiques et la qualification qu'on doit leur donner ne serait qu'une question d'arithmétique et de dénombrement, sans nulle acception de personnes ni de situations sociales. Dans l'aristocratie et la monarchie, le peuple qui n'est jamais réuni en corps et ne peut pas l'être, aurait des délégués responsables qu'il n'aurait jamais choisis ni nommés. Aucune des lois qui régissent ces états ne serait obligatoire puisqu'elles ne seraient pas émanées directement du peuple, qui seul aurait le droit de les faire. L'exercice de la souveraineté serait donc une véritable usurpation à laquelle les sujets ne seraient tenus d'obéir qu'autant qu'ils le voudront bien. Mais comment peut-il y avoir usurpation quand l'état légitime est une impossibilité physique qu'aucune puissance humaine ne saurait réaliser? A-t-on jamais vu contradiction plus manifeste?

Quant à nous, voici nos principes.

CHAPITRE XLIX.

Définition de la démocratie ou république et de l'aristocratie.

Dans la démocratie ou la république, la souveraineté est exercée par tous les propriétaires rassemblés en corps, ou, à défaut, par les propriétaires de moyenne classe, dont la volonté prépondérante détermine la formation de la loi.

Dans l'aristocratie, la souveraineté est exercée par les grands propriétaires également réunis en assemblée.

Dans ces deux sortes de gouvernement, les citoyens exerçant la souveraineté jouissent en corps du *pouvoir exécutif*. Ils en retiennent une partie, qu'ils exercent par eux-mêmes, et délèguent l'autre à des magistrats responsables.

Quand la population des états républicains et des états aristocratiques est trop considérable pour que tous les citoyens jouissant du droit de suffrage puissent se réunir en assemblées, ils ont des représentans, soit électifs, soit héréditaires, qui exercent les droits que leur trop grand nombre leur interdit d'exercer directement. Ces représentans, dont la réunion est l'image vivante du corps de la nation, sont essentiellement irresponsables. Rousseau, en les appelant *officiers du peuple*, a fait preuve de profondeur et a très-bien senti la nature de leurs fonctions. Que n'a-t-il ajouté irresponsables?

CHAPITRE L.

Définition de la Monarchie.

Dans la monarchie, la souveraineté est exercée par les grands, les moyens et les très-grands propriétaires, représentés, selon les époques, par une ou deux assemblées, et de plus, dans l'intérêt des prolétaires, par le *roi*. Le roi représente ces derniers et maintient d'autant mieux l'accord et l'harmonie entre les diverses parties du corps social, qu'il manque rarement d'être lui-même le plus grand propriétaire du royaume. Dépositaire du pouvoir exécutif, il en exerce une partie directement, celle qui a trait aux hautes fonctions du gouvernement[1]. Il fait exercer l'autre par des ministres responsables de l'exécution des lois, non-seulement envers lui, mais envers les assemblées dépositaires, conjointement avec lui, de la souveraineté.

Il suit de là que, dans le gouvernement monarchique, tous les pouvoirs ne sont pas concentrés en un seul homme, comme Rousseau le supposait, et que ce même homme n'est pas un simple magistrat. La première de ces assertions ne serait fondée que si le gouvernement était despotique. La seconde ne se réaliserait que si tous les citoyens ou la majorité des citoyens étant propriétaires, il n'y avait point de prolétaires à redouter, auquel cas il n'y aurait pas lieu à représenter ces derniers, et le roi n'aurait d'autre pouvoir que le pouvoir exécutif. On serait alors en démocratie royale, ou, pour mieux dire, en république.

CHAPITRE LI.

De l'équilibre des pouvoirs dans la monarchie.

Pour que la monarchie soit bien pondérée et se maintienne dans un juste équilibre, il faut qu'elle renferme

(1) Dans les monarchies même les plus limitées, quelque extension qu'on donne à la responsabilité ministérielle, on ne peut disconvenir que ce ne soit le roi directement et en personne qui nomme ses ministres, convoque, harangue et proroge les chambres, dirige les armées, signe les

une quantité proportionnée 1° de très-grands propriétaires; 2° de grands et moyens propriétaires; 3° de prolétaires, surtout de ceux qui habitent les grandes villes et la capitale, qui de tous sont les plus misérables, les plus turbulens, ceux qui ont le plus besoin d'être contenus par une force toujours présente. Cette force qui les contient, c'est la royauté qui, par une combinaison féconde en heureux résultats, les représente aussi.

Si les très-grands propriétaires sont trop nombreux et trop puissans, s'ils usurpent une part trop vaste dans la souveraineté, le gouvernement devient aristocratique et *féodal*. *La féodalité* est la plus haute puissance à laquelle puisse atteindre l'aristocratie. Elle résulte de l'étendue des biens réunis sur les mêmes têtes[1].

Si ce sont les propriétaires de moyenne classe qui sont en trop grande quantité, ils entraînent l'état vers les formes républicaines, afin de s'assurer une prépondérance qui leur est toujours contestée par les débris de l'aristocratie, et qui, au moment qu'ils croient la saisir, passe aux prolétaires, qu'ils se flattent en vain de contenir par un système d'égalité plus ou moins abusif. En effet, bientôt les prolétaires, dont le sort ne s'est point amélioré, veulent à leur tour retirer quelque avantage des changemens qui ont été opérés, partici-

traités de paix et exerce le droit de grâce. Cette portion éminente du pouvoir exécutif n'est jamais confiée aux ministres et demeure réservée au chef de l'État.

(1) Il serait plus exact de dire que la féodalité est l'aristocratie entée sur la conquête.

per au gouvernement et jouir des mêmes droits que les classes moyennes, d'autant moins capables de leur résister, qu'en présence de cet adversaire elles ne manquent jamais de se diviser en deux partis. L'un composé en général des bourgeois riches et des grands propriétaires, formant l'élite de la démocratie et aspirant à remplacer l'aristocratie, s'efforce, sous le nom de *juste milieu*, de résister à l'irruption des fonctions publiques par les petits propriétaires et les prolétaires. L'autre, formé principalement des petits propriétaires, fait cause commune avec les prolétaires pour amener un régime d'égalité absolue, qui dégénère bien vite en licence.

Si les prolétaires des villes, et surtout ceux de la capitale, sont trop nombreux, trop redoutables, le gouvernement tombe dans l'anarchie aussitôt que la royauté manque de force pour les contenir. Se ploie-t-elle lâchement à leurs caprices, elle en devient l'esclave, et l'état se transforme en despotisme. Il est donc de la plus haute importance pour la tranquillité et la durée des états, que les villes, et surtout la capitale, ne soient ni trop étendues, ni trop peuplées, et que les classes inférieures n'y soient pas trop misérables. Cette vérité n'a pas échappé à Rousseau, et ce qu'il dit sur les grandes villes, et principalement sur Paris, mérite d'être médité avec la plus grande attention.

Ce qui prouve combien la grande propriété est une cause d'ordre, de stabilité et de prospérité pour un état, c'est qu'il suffit même d'un simulacre de pairie ou de chambre héréditaire, si peu qu'elle soit respectée, pour faire avorter une révolution et l'empêcher de produire les conséquences pernicieuses et désorganisatrices qu'elle semblait renfermer dans son sein. Cicéron nous trace le tableau, dans son oraison pour P. Sextius, des désordres affreux qui le contraignirent à s'exiler, après avoir sauvé sa patrie et déjoué les trames de Catilina.

Alors, dit-il, *il n'y avait plus de sénat* (paragraphe 15). *Le sénat, sans lequel la république ne pouvait exister, avait été entièrement mis à l'écart ; les consuls, au lieu d'en être les chefs et les guides, avaient complètement désorganisé ce grand conseil de l'état* (paragraphe 19). *Le gouvernail avait été arraché des mains de cette auguste assemblée* (paragraphe 20).

Quand la grande propriété territoriale disparait, quand l'aristocratie perd son influence, celle-ci est remplacée par l'ascendant des habitans des villes, des petits propriétaires. Or, la population indigente et corrompue des cités est partout une des causes les plus puissantes des malheurs publics, des révolutions et des catastrophes qui entraînent la chûte des gouvernemens. C'est par les prolétaires des villes, et par la corruption des capitales, que tous les grands états ont péri.

CHAPITRE LII.

Des capitales et des grandes villes, des provinces et des campagnes.

Toutes les capitales, dit J.-J., *se ressemblent. Ce n'est pas là qu'il faut aller étudier les nations. Paris et Londres ne sont à mes yeux que la même ville. On sait quelles mœurs l'entassement du peuple et l'inégalité des fortunes doit partout produire. Sitôt qu'on me parle d'une ville composée de deux cent mille âmes, je sais d'avance comment on y vit* (page 135).

C'est dans les provinces reculées, où il y a moins de mouvement et de commerce, dont les habitans se déplacent moins, changent moins de fortune et d'état, qu'il faut aller étudier le génie et les mœurs d'une nation. Les Français ne sont pas à Paris, ils sont en Touraine. Les Anglais sont plus Anglais en Mercie qu'à Londres, et les Espagnols, plus Espagnols en Galice qu'à Madrid. C'est à ces grandes distances qu'un peuple se caractérise et se montre tel qu'il est sans mélange. C'est là que les bons et les mauvais effets du gouvernement se font mieux sentir, comme au bout d'un grand rayon, la mesure des arcs est plus exacte.

Les rapports nécessaires des mœurs au gouvernement ont été si bien exposés dans le livre de l'Esprit des Lois, qu'on ne peut mieux faire que de recourir à cet ouvrage pour étudier ces rapports[1]. *Mais, en général, il y a deux règles faciles et simples pour juger de la bonté relative des gouvernemens. L'une est la population. Dans tout pays qui se dépeuple, l'état tend à sa ruine*[2]. *La seconde marque de la bonté relative du gouvernement et des lois se tire aussi de la population, mais d'une autre manière, c'est-à-dire de sa distribution et non de sa quantité. Deux états égaux en grandeur et en nombre d'hommes peuvent être fort inégaux en force, et le plus puissant des deux est toujours celui dont les habitans sont le plus également répandus sur le territoire. Ce sont les grandes villes qui épuisent un état et font sa faiblesse.*

(1) On aime à trouver l'eloge de Montesquieu dans la bouche de J.-J. Ce dernier aurait pu remarquer que les mœurs politiques ou le caractère des peuples résulte en grande partie de la manière dont les propriétés sont distribuées, c'est-à-dire, de l'égalité ou de l'inégalité des conditions, ainsi que de la dissémination de la population dans les campagnes, ou de sa concentration par fortes masses dans les villes, dont le séjour contribue puissamment à corrompre les mœurs.

(2) Il n'y guères que les états despotiques qui soient dépeuplés, attendu que les propriétaires y étant constamment persécutés, font croître à peine ce qui est nécessaire pour leur subsistance. Ce que dit J.-J., quelques lignes plus haut dans un passage qu'on a omis de rapporter, relativement aux primes d'encouragement, est vrai à quelques égards; mais ne l'est pas à d'autres, particulièrement en ce qui a trait à l'agriculture anglaise, qui est loin d'être en décadence.

La richesse qu'elles produisent est une richesse apparente et illusoire. C'est beaucoup d'argent et peu d'effet. On dit que la ville de Paris vaut une province au roi de France, moi, je crois qu'elle lui en coûte plusieurs ; que c'est à plus d'un égard que Paris est nourri par les provinces, et que la plupart de leurs revenus se versent dans cette ville et y restent, sans jamais retourner au peuple ni au roi. Il est inconcevable que dans ce siècle de calculateurs, il n'y en ait pas un qui sache voir que la France serait beaucoup plus puissante si Paris était anéanti. Non-seulement le peuple mal distribué n'est pas avantageux à l'état, mais il est plus ruineux que la dépopulation même, en ce que la dépopulation ne donne qu'un produit nul, et que la consommation mal entendue donne un produit négatif. Quand j'entends un Français et un Anglais, tout fiers de la grandeur de leurs capitales, disputer entre eux lequel de Paris ou de Londres contient le plus d'habitans, c'est pour moi comme s'ils disputaient ensemble lequel des deux peuples a l'honneur d'être le plus mal gouverné (p. 237).

Etudiez un peuple hors de ses villes, ce n'est qu'ainsi que vous le connaîtrez. Ce n'est rien de voir la forme du gouvernement fardée par l'appareil de l'administration et par le jargon des administrateurs, si l'on n'en étudie aussi la nature par les effets qu'il produit sur le peuple et dans tous les degrés de l'administration. La différence de la forme au fond se trouvant partagée entre tous ces degrés, ce n'est qu'en les embrassant tous qu'on connaît cette différence. Dans tel pays, c'est par les manœuvres des subdélégués qu'on commence à sentir l'esprit du ministère; dans tel autre, il faut voir les membres du parlement pour juger s'il est vrai que la nation soit libre[1]. Dans quelque pays que ce soit, il est impossible que qui n'a vu que les villes connaisse le gouvernement, attendu que l'esprit n'en est jamais le même pour la ville et pour la campagne. Or, c'est la campagne qui fait le pays, et c'est le peuple de la campagne qui fait la nation.

Cette étude des divers peuples dans leurs provinces reculées et dans la simplicité de leur génie originel, donne une observation générale bien favorable à mon épigraphe[2] et bien consolante pour le cœur humain; c'est que toutes les nations ainsi observées paraissent

(1) On a beau se récrier contre la corruption parlementaire, il y a du patriotisme dans un pays où les grands propriétaires ne balancent pas à sacrifier la majeure partie de leurs revenus, et à répandre l'or à pleines mains sur les classes inférieures, pour acquérir le droit de faire la prospérité de la nation, pour paralyser l'anarchie, et corriger un vice de la constitution qui n'exclut pas les prolétaires du droit de suffrage. Un état de choses aussi coûteux, on le sent bien, ne peut durer qu'un temps, et l'Angleterre est à la veille de le voir cesser par l'adoption d'une réforme parlementaire, qui menace de donner beaucoup d'ascendant aux idées démocratiques.

(2) Nous ne sommes pas travaillés de maux incurables. la nature, qui nous a fait naître pour la vertu, secondera nos efforts, si nous voulons nous réformer.

SÉNÈQUE. *De la Colère*, liv. 2, ch. 13.

en valoir beaucoup mieux, plus elles se rapprochent de la nature, plus la bonté domine dans leur caractère. Ce n'est qu'en se renfermant dans les villes, ce n'est qu'en s'altérant à force de culture, qu'elles se dépravent et changent en vices agréables et pernicieux quelques défauts plus grossiers que malfaisans (page 239).

Quelle admirable et profonde philosophie! Ces considérations sur les grandes villes ne dépareraient pas les plus beaux chapitres de l'Esprit des Lois.

Ecoutons maintenant M. de Pradt, sur la tendance démocratique et anarchique qui signale les grandes villes. Ses paroles suggérées par des circonstances dont il cherchait à atténuer la gravité pour inspirer au gouvernement de la confiance et de la force, confirment les sages observations de J.-J.

« Hors de Paris et de quelques écoles ou lieux pu-
« blics, où compterait-on des républicains? Les
« grandes villes peuplées d'oisifs, de spéculateurs de
« de toute espèce, fournissent seules cette classe
« d'hommes. Londres a son républicanisme comme
« Paris et par les mêmes raisons..... Les gardes natio-
« naux accourus à Paris de la banlieue, les 5 et 6 juin
« 1832, et qui contribuèrent si puissamment au réta-
« blissement de l'ordre, montraient-ils quelque chose
« qui ressemblât à un vœu républicain? Dans les cités
« d'un ordre inférieur, les hommes entichés de ces
« *lubies* républicaines sont connus et signalés par leur

« petit nombre. Les campagnes sont exemptes de ce « mal ou plutôt ignorent jusqu'à son nom. On n'y se- « rait pas entendu en parlant de république[1]. »

M. de Pradt a dit ailleurs : *Londres et Paris sont de vastes foyers de démocratie.*

Les idées démocratiques alliées à la corruption et à la misère des grandes villes, engendrent un régime d'anarchie et de terreur, qui constitue le despotisme le plus redoutable, celui des masses populaires, qui finirait par se résoudre avant peu en celui d'un seul homme. Alors, au lieu de la vertu des républiques, on n'a plus que la farouche énergie du crime, qui devient le ressort du gouvernement. Moins un peuple a de vertu, moins ses mœurs sont pures, moins il faut lui laisser de liberté, de peur qu'elle ne dégénère en licence. La liberté des méchans est l'oppression des gens de bien.

CHAPITRE LIII.

Paris.

A l'époque où écrivait J.-J., Paris n'était que corrompu et n'exerçait pas encore une très-grande influence politique. Qu'eût-il dit si, de son temps, cette

(1) *Mémorial*, 28 juin 1832.

ville eût acquis un tel accroissement qu'il fallût des messageries pour établir les communications nécessaires entre les divers quartiers; si toutes les affaires commerciales et administratives y avaient été concentrées, si l'on n'eût pas trouvé dans la province un homme riche qui n'aspirât à venir y jouir de sa fortune, un homme pauvre à venir y faire la sienne; si, à tous les avantages possédés par la capitale, elle eût joint l'ambition de devenir un port de mer, au moyen d'un canal gigantesque qui l'eût mise en communication avec l'Océan; si aucune faveur, aucun privilége demandé par ses habitans ne leur avait été refusé; si toutes les libertés locales étaient venues s'y concentrer, au point qu'aucune commune ne pût exécuter aucun travail, ni se permettre la réparation la plus urgente, sans autorisation ministérielle; si, par suite de cette disposition de choses étendue à tout, il eût suffi de se rendre maître de la capitale pour le devenir de la France entière; si des exemples réitérés avaient prouvé que toute révolution accomplie dans Paris devenait obligatoire pour le reste du pays; si, plus d'une fois, l'Hôtel-de-Ville de Paris avait été l'arbitre souverain des destinées de la France; si, pour contenir Paris, il n'eût pas fallu moins d'une armée de quarante mille hommes constamment sur pied, et dont un revers eût pu entraîner la chûte de trône? Nous laissons à conclure combien ces suppositions, devenues de nos jours des réalités, eussent fortifié les argumens de J.-J., partisan du gouvernement républicain, quoique dans ses dernières années il en eût reconnu les inconvéniens[1]. Il était conséquent dans ses opinions; sa haute raison comprenait que les grandes villes sont essentiellement contraires à ce régime, à cause de la corruption et de la misère qu'elles engendrent. Eh bien! maintenant les villes ont acquis un tel développement, que leur étendue devient un sujet d'alarme même pour les états monarchiques, qui cependant sympathisent naturellement avec elles, parce que, plus solides dans leurs bases, ils s'accommodent de moins de vertu, de moins de bonheur, de moins d'ordre et de moins de pureté dans les mœurs, qu'un gouvernement où l'individu, abandonné davantage à lui-même, jouit d'une plus grande étendue de liberté personnelle.

CHAPITRE LIV.

De la centralisation.

Il est démontré aux yeux les moins attentifs que les embarras les plus graves du gouvernement viennent

(1) « Après avoir tant aimé le gouvernement républicain, faudra-t-il » changer de sentiment dans ma vieillesse, et trouver enfin qu'il y a » plus de véritable liberté dans les monarchies que dans nos républiques? »

(*Lettres écrites de la Montagne.* — Note. Edition in-4°, p. 398.)

de l'extension de Paris, de l'influence qu'il exerce sur toutes les parties du royaume, et de son inquiète turbulence, aigrie et fomentée par la licence des journaux. La France, divisée en petites fractions où abondent et règnent les grandes villes succursales de la capitale, n'a plus contre l'oppression des intérêts matériels les moyens de résistance qu'elle avait autrefois lorsqu'elle était partagée en vastes divisions territoriales, ayant leurs lois, leurs coutumes, leurs priviléges, leurs magistrats; ces derniers, appartenant presque toujours à la province où ils siégeaient, étaient prêts à prendre en toute occasion la défense des localités, à la prospérité desquelles ils étaient puissamment intéressés. Maintenant, jamais un préfet n'appartient au département qu'il administre. Les fonctions publiques étant la seule source de fortune demeurée intacte, tout homme influent aspire à devenir salarié du gouvernement et à transformer ses revenus en fonds publics. Ne doit-il pas devenir indifférent au sort de ses concitoyens?

La révolution française, considérée comme pouvoir désorganisateur, contrainte pendant un temps à rétrograder par la main de fer d'un grand homme, n'a dû son réveil et ses progrès qu'à la prépondérance que les mœurs, et la législation qui se modèle toujours sur elles quand l'autorité ne s'y oppose pas de longue main, ont assuré aux villes sur les campagnes. Les lois ont été combinées de façon à rendre onéreuse la propriété agricole, et surtout la grande propriété ; à rendre lucratifs la propriété urbaine et les petits domaines. Delà l'immense accroissement des villes aux dépens des campagnes, le morcellement des propriétés, la surabondance des prolétaires dépourvus de tout patronage, libres de tout frein autre que le code pénal. Cette révolution, qui fera époque dans les annales de l'univers, parce qu'elle a montré à nu les fondemens de la société, ne sera terminée, le *mouvement* dissolvant qu'elle imprime à tout ce qu'elle touche ne sera arrêté, que quand les campagnes auront repris sur les villes le juste partage d'influence qu'elles doivent exercer.

Abstraction faite des motifs de religion[1], de mo-

(1) De même que les campagnes sont le siége des idées raisonnables en politique et du vrai patriotisme, elles sont aussi l'asyle de la religion et de la vertu ; les villes, celui du schisme et de l'incrédulité. Ainsi, dans l'Histoire d'Angleterre, on voit chaque secte politique s'affilier naturellement à une secte religieuse aussi extravagante qu'elle. La religion et la politique, deux ordres d'idées aussi distans que le ciel est éloigné de la terre, ont cependant un point de contact, la hiérarchie. Celle de l'une et de l'autre tendent toujours à se correspondre, parce qu'en général les hommes ne conçoivent pas simultanément deux ordres de subordination différens, deux manières de transmettre le commandement du supérieur à l'inférieur, et que le motif qui les porte à préférer l'une en politique, les porte également, en matière de religion, à préférer l'ordre de subordination correspondant. Une hiérarchie appelle l'autre : or, la hiérarchie de la religion catholique romaine est absolument analogue à celle de la monarchie absolue. C'est ce qui a fait croire que cette religion elle-même prescrivait en politique le pouvoir

rale, d'ordre public et même de salubrité, qui militent contre les grandes villes, siége d'une corruption physique, morale et politique proportionnée à leur étendue, et qui fait que les vices, les crimes et la mortalité y sont bien plus considérables que dans les campagnes [1], il est un argument matériel que nous ne devons pas omettre : c'est que ces vastes centres de civilisation accumulent dans leur sein tant de misères, d'embarras et d'inconvéniens de toute espèce, qu'en dépit des charges locales les plus onéreuses, leurs finances sont constamment en déficit, et ne peuvent se maintenir en équilibre que par des emprunts qui se succèdent presque indéfiniment. Or, rien de pareil ne se voit dans les communes rurales et dans les villes d'une étendue médiocre.

Si une sage politique prescrit d'arrêter les progrès de la capitale et des grandes villes, de manière à tenir la balance égale entre les intérêts agricoles et ceux de l'industrie et du commerce, il est cependant une prudente modération à garder et un autre excès à éviter.

La centralisation a été, il est vrai, poussée à

absolu. Nous ajouterons que, comme en Angleterre, depuis le règne de Henri VIII, le chef de l'Etat a été le chef de l'Eglise, ce qui est une espèce de sécularisation du clergé, chaque parti politique a eu un motif indispensable de devenir secte religieuse. Aussi les guerres civiles d'Angleterre ont-elles été des guerres de religion.

(1) L'invasion du cholera-morbus asiatique a enlevé, dans une seule année, à la ville de Paris plus de 18,000 habitans.

l'extrême, mais il faut s'abstenir de l'attaquer à outrance, et ne pas chercher imprudemment, comme le voudraient certaines personnes, à nous ramener aux anciennes libertés provinciales que les circonstances ne comportent plus, ou, à défaut, à des libertés départementales exagérées. La centralisation de la capitale doit être affaiblie, mais maintenue; car, sous peine de tomber dans la féodalité ou le fédéralisme, il faut nécessairement dans un grand état que tout soit ramené à une pensée unique, à une direction générale. Souvenons-nous que, dans les états représentatifs où la majorité vote la loi et où elle exercerait la souveraineté, n'était l'obstacle salutaire qu'elle trouve dans la royauté, les minorités, toujours un peu froissées, feraient bientôt scission, si la liberté de résistance était trop grande et si une centralisation forte ne rapprochait toutes les parties. C'est à la royauté à protéger avec sagesse les intérêts souffrans par excès de centralisation. En effet, une des plus belles attributions de la royauté, c'est de tempérer les défauts inhérens aux constitutions où elle prend place. Ainsi, dans la monarchie provinciale, son devoir changeant de nature, consiste-t-il à maintenir l'unité, à effacer les divisions, à rappeler à l'uniformité, à atténuer l'influence provinciale qui, trop écoutée, rendrait les parties du royaume étrangères et hostiles entr'elles. Dans un cas, toutes les forces courent se réunir au centre, laissant les extrémités dénuées de vie et de chaleur. Dans l'autre cas, avec une exagération qu'il faut combattre, toutes les forces se disséminent à la circonférence.

Il n'est d'ailleurs qu'un pays, qui possède une forte aristocratie territoriale comme l'Angleterre ou la France antérieure à 1789, qui puisse se passer d'une centralisation vigoureuse, attendu qu'une de ces forces supplée naturellement à l'autre. Aussi n'a-t-on pas dit sans motif que la centralisation était une espèce de despotisme d'autant plus nécessaire que le principe démocratique acquiert plus d'ascendant. En politique, presque toujours une force compressive succède à l'autre, c'est ce qui fait, qu'au total, les peuples gagnent peu à changer de régime.

Sous le régime monarchique représentatif, si le lien qui unit les parties au centre se relâchait par trop de faiblesse, ou venait à se rompre par trop de tension, au lieu de revenir à la monarchie pure, dont la condition essentielle n'existe plus (une aristocratie puissante[1]), on verrait une scission se ma-

(1) Dans la monarchie tempérée, l'aristocratie est moins puissante que dans la monarchie absolue, et dans la monarchie absolue, moins puissante que dans la monarchie féodale. A chaque degré d'affaiblissement de l'aristocratie, correspond un changement de forme dans l'État, une révolution et même un changement dans la manière de posséder et d'hériter. Quand la noblesse, ayant perdu ses biens, n'a plus qu'une influence

nifester entre le nord et le midi, qui toujours plus ou moins opprimé par le nord, chercherait à avoir un gouvernement à part. C'est ce qui a eu lieu tout récemment dans le royaume des Pays-Bas où, faute par la royauté de remédier à l'oppression de la Belgique, cette moitié du royaume s'est déclarée, indépendante de la Hollande, qui en formait le nord. Ce fut pour obvier à cette tendance au fédéralisme que la république française fut proclamée une et indivisible, et que les anciennes provinces furent divisées en départemens n'ayant aucun lien entr'eux, excepté la chaîne administrative qui les attachait à la capitale, devenue la dominatrice universelle. Sans cette précaution, qui fut maintenue avec le despotisme le plus rigoureux, la république n'eût pas tardé à former deux états rivaux, dont l'un eût occupé le nord, l'autre le midi, ce qui eût été la source d'une foule de malheurs et d'une incurable faiblesse, qui bientôt eût attiré l'étranger sur notre territoire et

nominale ou de souvenir, les classes moyennes, et notamment la bourgeoisie, en prennent la place : on a alors le gouvernement monarchique représentatif. Enfin, quand l'aristocratie est complètement détruite, on essaye vainement de la démocratie royale ; il n'y a plus qu'à opter entre l'anarchie, le despotisme ou la conquête. Les grands Etats de l'antiquité ont péri dès que l'aristocratie a été éteinte. L'aristocratie, plus ou moins concentrée, constitue en d'autres termes, ce que Montesquieu appelle, dans monarchie, *les pouvoirs intermédiaires subordonnés et dépendans* ; — « sans eux, point de monarchie : on a un état populaire ou un état » despotique. »

(*Esprit des Lois*, liv. II, ch. 4.)

en eût entraîné le morcellement. Au moins, au milieu de nos désastres, la nationalité est demeurée intacte!

CHAPITRE LV.

De la richesse et de la pauvreté des citoyens.

Une observation constante nous apprend que l'inégalité des biens augmente avec le progrès des richesses. Aussi la monarchie s'allie-t-elle très-bien à la richesse des citoyens, tandis que la république repousse celle-ci comme un péril, à cause des prolétaires, instrumens dociles dont se servent les principaux propriétaires pour donner au gouvernement la forme aristocratique. Il suit de là, que si le mode d'exploitation des terres dans la monarchie tend à accroître les richesses, et s'il tend dans la république à les diminuer ou les maintenir sans progrès, cette analogie digne d'être remarquée, favorisera puissamment la stabilité des institutions [1]. Ceci mérite quelque explication.

A l'origine des sociétés, il n'y a pas lieu de s'alarmer

(1) Montesquieu a dit avec une admirable profondeur : « Les républiques finissent par l'opulence, et la monarchie par la pauvreté. »

du progrès des richesses, eu égard au maintien de l'égalité, ni de leur décroissement, eu égard aux besoins des pauvres. La terre, qui est la source des biens, est alors accessible à tous. La population se proportionne toujours à la quantité des subsistances, et les richesses agricoles, les seules qu'on connaisse dans les temps primitifs, sont les plus innocentes, les moins dangereuses de toutes, celles qui inspirent le moins à leurs possesseurs le désir d'exercer la tyrannie et l'oppression. Mais dans les sociétés vieillies, surchargées d'une population considérable, entassées dans les villes et réduite au strict nécessaire, il est essentiel que la richesse nationale ne diminue pas. Voilà pourquoi les institutions républicaines qui, sous le rapport économique, n'ont aucun inconvénient dans les états naissans et dans ceux où les terres ne manquent pas, deviennent funestes dans les pays où l'accumulation des prolétaires a amené l'introduction des formes aristocratiques et monarchiques. En France, les institutions démocratiques adoptées avec un zèle aveugle et poussées aux dernières conséquences, ont amené la terreur et la famine. Pour faire remonter la nation à l'égalité native, on procéda par l'abaissement et l'appauvrissement des riches, sans songer que les bienfaits de ces derniers, leur luxe et leurs besoins factices faisaient vivre une population nombreuse qui, sans eux, n'allait savoir que devenir et courerait au pillage. En outre, on perdit de vue, qu'en vertu d'une loi moins connue, aussitôt qu'on ferait disparaître l'inégalité des répartitions, la masse totale des richesses agricoles décroîtrait et le prix des subsistances augmenterait.

Le gouvernement républicain est celui qui est exercé par les petits propriétaires et à leur profit. Il en résulte que, sous ce régime, la plus grande masse des avantages sociaux tendant à se concentrer sur cette portion de la nation et à en faire la *classe privilégiée*, tout s'efforce à se résoudre en elle. La grande propriété qui, par l'effet du temps, de la multiplication des familles et des événemens imprévus, a toujours une tendance à se morceler (ce qui entraîne la destruction de l'aristocratie), se décompose sous l'influence du principe républicain, avec un surcroît de rapidité favorisé par les efforts du gouvernement qui, trouvant dans la noblesse et l'aristocratie cherchant à conserver leurs avantages, une opposition constante, les attaque sans ménagement, et emploie surtout contre elles l'arme que lui offre l'égalité des partages, au lieu d'abandonner ces derniers à la discrétion des pères de famille [1]. Le gouvernement républicain, par les procédés auxquels il a recours pour se maintenir, portant partout l'égalité, a

(1) Le propriétaire qui possède de grands biens, tend à les partager inégalement. Celui qui ne possède qu'un petit domaine, tend à le partager également. Le premier songe davantage à la conservation de la famille et à se donner un successeur ; le second, à assurer la subsistance de ses enfans.

donc une tendance à appauvrir les états, à en diminuer la production, à détruire les grandes propriétés, les grandes fortunes, à les empêcher de s'élever, ou tout au moins de durer long-temps. Il est donc destructeur par son mode d'action de la prospérité du pays et de l'accumulation des richesses, car la richesse particulière fait celle des états. Il est de l'essence du gouvernement républicain que les habitans travaillent beaucoup et aient peu de profit. Or, il est merveilleux de voir comment, malgré qu'on en ait, tout se rapporte à ce but, dès qu'une fois les formes républicaines sont adoptées. En réalité, les prolétaires et les classes inférieures prises en masse n'y trouvent pas leur compte, quoique certains de leurs membres obtiennent le moyen d'arriver à l'aisance et à la fortune. En effet, où le gouvernement républicain succède au monarchique, un appauvrissement subit se fait sentir. Les partisans du régime républicain se divisent dès lors en deux classes : ceux qui croient que ce régime peut s'allier à l'aisance et à la prospérité ; ceux qui pensent que la jouissance des droits politiques dédommage de tout, et que la pauvreté, quand elle est générale, n'est un mal pour personne. Les républicains de la première espèce prétendent que l'état de gêne et de malaise qui succède au renversement des institutions monarchiques n'est que passager, et qu'il a pour cause soit les résistances que le parti vaincu oppose au nouvel ordre de choses, soit la répugnance que la masse de la nation éprouve à s'enfoncer dans un système trop populaire vers lequel il ne faut s'avancer qu'avec prudence, mesure et précaution. Les républicains de la seconde espèce, véritables démocrates, sans se laisser arrêter par aucune considération, ne s'occupent qu'à faire la guerre à toutes les supériorités sociales, croyant trouver le bonheur dès que tout sera nivelé.

En résumé, selon qu'on possède beaucoup ou qu'on possède peu, l'esprit selon lequel on possède est différent; on incline à l'aristocratie ou à la démocratie, c'est-à-dire, à la domination des grands ou à celle des petits.

On a remarqué que les habitans des montagnes étaient naturellement républicains, tandis que ceux des plaines tendaient davantage au gouvernement monarchique, cela s'explique aisément quand on réfléchit que les pays de montagnes sont pauvres, tandis que ceux des plaines sont riches. Dans l'origine des sociétés, les individus puissans et les premiers occupans s'emparent des meilleures terres plus faciles à cultiver et toujours situées en plaine, au bord de la mer ou le long des fleuves. Quand les pauvres, devenus nombreux et repoussés par les riches qui refusent de leur donner du travail, ou cédant, ce qui est plus rare, à un désir d'indépendance, se trouvent livrés à leurs propres ressources, ils sont réduits à fonder les bourgs et les villes, ou à s'établir sur les terrains d'abord dédaignés, et à défricher les portions de sol les plus arides. Telles sont les causes physiques qui font que les petits propriétaires aiment la démocratie, tandis que les grands propriétaires ainsi que les paysans des plaines, vivant sur les terres dans la dépendance et sous le patronage des grands propriétaires, sont partisans de l'aristocratie. A l'égard des habitans des villes, presque tous petits propriétaires, ou, en d'autres termes, obligés en majorité de tirer leur subsistance de l'industrie et d'un travail journalier, il ne faut pas s'étonner de leur propension pour le gouvernement républicain, propension d'autant plus forte que l'aristocratie, presque toujours oppressive relativement à eux et portée à les humilier, quoique ces dépenses soient pour eux une source de profits, perd davantage de ses biens et de ses forces.

CHAPITRE LVI.

De l'aristocratie élective selon Jean-Jacques.

Rousseau (livre 3, chapitre 5 du Contrat social, page 158), distingue trois espèces d'aristocraties. *La naturelle*, en vertu de laquelle la prééminence est accordée à l'âge, l'*élective* et l'*héréditaire*.

L'aristocratie élective est celle où, dans les choix opérés librement, la richesse et la puissance sont préférées à l'âge, en ayant égard toutefois à la *probité, aux lumières, à l'expérience et à toutes les autres raisons de préférence et d'estime publique;* c'est, dit Rousseau, *le meilleur des gouvernemens* (page 139), *tandis que l'aristocratie héréditaire est le pire.* Quand à l'aristocratie naturelle, ajoute-t-il, qui est celle où les vieillards gouvernent, *elle ne convient qu'à des peuples simples.*

L'aristocratie élective diffère peu de ce qu'on appelle aujourd'hui l'aristocratie bourgeoise ou le gouvernement représentatif. Elle a la plus grande affinité avec le gouvernement républicain, où toutes les fonctions publiques sont le résultat de l'élection. On se rend compte de la prédilection de Rousseau. En général, on affectionne la forme de gouvernement qui assure la prépondérance à la classe de citoyens à laquelle on appartient.

Il n'est pas superflu de remarquer que le mot *aristocratie* est ici mal appliqué, attendu que, dans son acception originelle et généralement admise, il sert à indiquer la grande étendue des biens se transmettant sans partage par voie d'hérédité. *L'aristocratie élective* revient donc au gouvernement républicain avec interdiction des prolétaires et sans magistrature ou corps héréditaire. Tel est le régime que Rousseau préférait à tous les autres, et qui est préférable effectivement partout où il est possible.

Remarquons à l'appui de ce qui vient d'être dit, que Rousseau, qui a mal défini le mot *aristocratie* et négligé de définir avec précision celui de *peuple*, ne laisse pas d'exclure du suffrage et de toute participation au gouvernement et au droit de cité, la population inférieure des villes, les prolétaires et ceux qui ne possèdent rien. Cette opinion qu'il évite d'énoncer formellement, résulte incontestablement du rapprochement des passages suivans du *Contrat Social*.

Livre Ier, chapitre 9, note (*d*).

Dans le fait, les lois sont toujours avantageuses à ceux qui possèdent, et nuisibles à ceux qui n'ont rien.

Livre 3, chapitre 15, page 193. *Toute loi que le peuple en personne n'a pas ratifiée est nulle.*

Proposition fausse par son exagération, hormis dans le système de la démocratie pure, mais qui prouve, lorsqu'on la compare à la citation précédente, que Rousseau n'entendait point conférer le droit de suffrage à ceux qui n'ont rien.

Livre 3, chapitre 18, page 207, même observation par rapport à ces grandes assemblées périodiques du peuple réclamées par Rousseau, assemblées qu'aucun gouvernement n'a jamais admises et dont il voudrait que l'ouverture se fît par ces deux propositions qu'on mettrait séparément aux voix :

S'il plaît au souverain de conserver la présente forme de gouvernement.

S'il plaît au peuple d'en laisser l'administration à ceux qui en sont actuellement chargés.

Nous appuyerons les citations précédentes par celles-ci puisées dans le livre 4 du chapitre 4, où J.-J. affirme que les comices romains offrent le meilleur modèle de la manière dont il convient de donner et de recueillir les voix dans l'assemblée du peuple.

Page 230. *Tel n'eût été qu'un malheureux prolétaire à la ville qui, laboureur aux champs, devint un citoyen respecté.*

Page 234., J.-J. approuve la manière dont Servius distribua le droit de suffrage par l'établissement des centuries, afin d'enlever toute influence aux citoyens pauvres qu'il relégua en entier dans une seule centurie, la dernière, et auxquels il n'accorda par conséquent dans les délibérations qu'un cent quatre-vingt treizième d'influence. En effet, les centuries étant au nombre de cent quatre-vingt treize et les lois étant votées à la majorité, non des votes individuels, mais à celles des centuries, il s'ensuivait que la dernière centurie n'était en réalité jamais appelée à donner sa voix. Les individus qui la composaient *n'avaient pas même l'honneur de porter les armes pour la patrie*, et comme le dit Rousseau, *il fallait avoir des foyers pour avoir le droit de les défendre* (page 235). En définitive, dit Rousseau, *dans les comices par centuries, les affaires se réglaient à la pluralité des écus bien plus qu'à celle des voix* (page 242).

Ce n'est pas tout.

Page 236. *On distingua encore à Rome, dans la dernière classe, les prolétaires*[1] *de ceux qu'on*

(1) Dans notre langue politique, nous appelons *prolétaires* la classe d'individus que les Romains nommaient *capite censi*. — Voyez à ce sujet

appelait CAPITE CENSI. *Les premiers, non tout-à-fait réduits à rien, donnaient au moins des citoyens à l'état, quelquefois même des soldats dans les besoins pressans. Pour ceux qui n'avaient rien du tout et qu'on ne pouvait dénombrer que par leurs têtes, ils étaient tout-à-fait regardés comme nuls, et Marius fut le premier qui daigna les enrôler.*

De tout ceci, l'on peut comprendre aisément pourquoi il n'est presque jamais fait mention que de cinq classes, quoiqu'il y en eût réellement six; la sixième ne fournissant ni soldats à l'armée ni votants au Champ-de-Mars, et n'étant presque d'aucun usage dans la république, était rarement comptée pour quelque chose. Je dis au CHAMP-DE-MARS, *parce que c'était là que s'assemblaient les comices par centuries. Dans les deux autres formes (c'est-à-dire, dans les assemblées par curies et par tribus), le peuple s'assemblait au forum ou ailleurs, et alors les* CAPITE CENSI *avaient autant d'influence et d'autorité que les premiers citoyens.*

Page 245. *A l'égard des comices par curies où la seule populace de Rome formait la pluralité, comme ils n'étaient bons qu'à favoriser la tyrannie et les mauvais desseins, ils durent tomber dans le décri, les séditieux eux-mêmes s'abstenant d'un moyen qui mettait trop à découvert leurs projets.*

une Note de la traduction du *Traité de la République* de Cicéron, par M. Villemain (tome 2ᵉ, liv. II, p. 372).

Page 241. *Sous la république, les curies, toujours bornées aux quatre tribus urbaines et ne contenant plus que la populace de Rome, ne pouvaient convenir ni au sénat qui était à la tête des patriciens, ni aux tribuns qui, quoique plébéiens, étaient à la tête des citoyens aisés.*

Page 245. *Il est certain que toute la majesté du peuple romain ne se trouvait que dans les comices par centuries qui seuls étaient complets, attendu que dans les comices par curies, manquaient les tribus rustiques, et dans les comices par tribus, le sénat et les patriciens.*

D'après les opinions politiques de Rousseau, il est donc manifeste qu'il considérait comme une mauvaise combinaison électorale celle où les prolétaires figuraient et étaient admis, aussi bien que celle où les patriciens étaient exclus et n'exerçaient pas une certaine influence proportionnée à leur fortune, tempérée néanmoins par le concours des classes moyennes.

CHAPITRE LVII.

De la manière dont quelques écrivains politiques du jour comprennent l'aristocratie.

Suivant le système de M. Passy[1], l'aristocratie est utile dans l'enfance des états, parce qu'elle est protectrice des intérêts du peuple et qu'elle est dépositaire des lumières à l'aide desquelles on peut gouverner avantageusement. Plus tard, l'aristocratie est inutile et même nuisible, lorsque les lumières sont répandues dans les autres classes qui, dès cet instant, sont en état de se gouverner elles-mêmes et avec beaucoup plus de profit que lorsque l'aristocratie administrait en se réservant les principaux émolumens des soins qu'elle se donnait pour l'intérêt général, qui se confondait beaucoup trop avec le sien propre.

Selon nous, l'aristocratie est un élément nécessaire à l'équilibre d'un gouvernement qui embrasse une étendue de pays considérable très-peuplé. Dès que ceux qui la composent cessent, par impuissance ou par mauvaise volonté, de protéger les intérêts des prolétaires et de pourvoir au bien-être des classes inférieures, elle

(1) *De l'Aristocratie considérée dans ses rapports avec la civilisation*, par H. Passy, in-8°. — Paris, 1826.

perd toutes ses forces, et les rênes du gouvernement ne tardent pas à lui échapper.

L'affaiblissement de l'aristocratie est suivi ou précédé de la perte de ses biens. Ceux-ci, en vertu de l'égalité des partages qui ne tarde pas à s'introduire dès que l'aristocratie ne tient plus le timon de l'état, passent insensiblement à la classe moyenne qui devient à son tour la classe prédominante.

Comme les très-grands propriétaires administrent généreusement, négligemment et sans parcimonie, le déplacement des biens de l'aristocratie augmente souvent la production territoriale.

Il y a cependant une exception; c'est lorsque les grands propriétaires, comme en Angleterre, au lieu d'exploiter leurs terres ou de les faire exploiter par des régisseurs, ont contracté l'habitude de les affermer à longs termes. Dans les pays où cet usage s'est introduit, l'égalité des partages, la division des propriétés, au lieu d'augmenter les produits du sol, en amènerait la diminution, et par suite donnerait lieu à un violent état de détresse.

Dans les pays où l'aristocratie s'est affaiblie, la protection desintérêts des prolétaires passe à la royauté, car les classes inférieures ne peuvent demeurer sans défense.

Là où l'aristocratie a peu d'influence, il faut que la royauté soit forte pour maintenir l'ordre dont le principe émane alors du centre de l'état.

En outre, il y a à faire cette observation confirmée par une longue expérience, c'est que la royauté, pour se maintenir, a besoin que l'aristocratie conserve une certaine force, un certain degré d'influence, quelque atténué qu'il soit.

Autrement, ou les prolétaires font la loi, et alors on a le despotisme pur au lieu de la royauté; ou bien la prépondérance passe à la classe moyenne. Mais celle-ci est incapable de la conserver, soit qu'elle l'exerce par elle-même, en adoptant le gouvernement républicain, avec exclusion des droits politiques pour les petits propriétaires et les prolétaires; soit qu'elle la fasse exercer à son profit par la royauté, en proclamant la démocratie royale. Elle manque essentiellement de force, d'union, de dévouement pour maintenir l'ordre dans les instans de crise au milieu de la détresse de l'agriculture et des intérêts matériels du pays. Les factions, la guerre civile, l'anarchie signalent donc la prépondérance accordée à la classe moyenne ou usurpée par elle. En vain pour la conserver recourt-elle à toutes sortes de combinaisons ingénieuses. Parfois pour trouver un aplomb, un juste milieu qu'elle ne peut rencontrer, se rapproche-t-elle de l'aristocratie, de la royauté ou de la classe inférieure, avec aucune desquelles elle ne sympathise franchement. Elle est bientôt obligée de briser ces alliances imparfaites, sous peine de se voir exclue des affaires par les auxiliaires qu'elle appelle à son secours. Il est donc un terme à la division des propriétés passé lequel l'état ne trouve plus de consistance. Les empires, ainsi que les hommes, a dit d'Alembert, doivent croître, dépérir et s'éteindre. Tout pays où l'aristocratie est détruite, touche à ce terme fatal[1].

Chose singulière! dès que l'aristocratie effacée cesse d'être un pouvoir dans l'état, on voit éclater la guerre entre les riches et les pauvres, signe inévitable d'une dissolution prochaine. On s'est beaucoup récrié contre la sympathie de l'aristocratie et du clergé. Cette alliance s'explique quand on réfléchit que la religion, source unique de la morale, est le seul mobile suffisant pour faire respecter la propriété par ceux qui ne possèdent rien.

Quand l'aristocratie des biens, à laquelle peu de gens peuvent parvenir, s'affaiblit, quelques personnes pen-

(1) Peut-être demandera-t-on si nous avons prétendu tracer ici le tableau actuel de la France? Nous répondrons que notre objet a été seulement d'émettre des vérités générales dont nous laissons à la sagacité du lecteur le soin de faire l'application. Au surplus, pour aller au-devant de toute fausse interprétation, nous ajouterons qu'il n'est pas démontré que nous soyons parvenus au terme où, par suite de la division indéfinie des propriétés, l'État ne trouve plus de consistance, mais qu'il se peut faire que ce terme soit plus prochain qu'on ne le croit; que nous avons un gouvernement habile, avantage qu'on ne peut se flatter de posséder toujours; enfin, que la sagesse qui a déterminé notre cabinet à embrasser un système de paix bien décidé, est le moyen le plus puissant d'augmenter le bien-être de toutes les classes de citoyens, d'appaiser les factions et d'atténuer ainsi les inconvéniens que pourrait offrir la constitution de la société.

sent qu'il est facile d'y suppléer par celle des lumières, qui est accessible à tout le monde.

Les lumières inspirent le désir de parvenir aux emplois. Quand on est porté de bonne intention, elles aident à exercer le pouvoir d'une manière utile, elles n'offrent ni la garantie morale, ni la garantie matérielle qu'on fera usage salutaire ni d'elles-mêmes, ni de l'autorité qu'elles nous invitent à rechercher soit pour satisfaire notre orgueil, soit pour accroître notre bien-être. Considérées sous un certain rapport, elles ont donc un côté désavantageux. Elles excitent l'ambition et remplissent la carrière administrative d'une foule d'individus qui, croyant posséder des talens et n'ayant pu parvenir à rien par leurs propres forces dans les divers états de la vie, cherchent à s'enrichir en faisant les affaires du public, et en se portant, sans autre mission que leur zèle, défenseurs de ses intérêts. Ajoutons que l'homme est naturellement présomptueux, que les lumières ne font qu'accroître cette disposition, et que les candidats au pouvoir, même quand ils sont de la meilleure foi du monde, ne s'avouent leur incapacité qu'après l'avoir constatée par des fautes dont l'état est presque toujours condamné à payer les conséquences.

On allègue que les lumières en augmentant la puissance de l'esprit, perfectionnent le moral de l'homme. Ceci n'est vrai, sans exception, que des lumières de la religion et non des autres. Si l'on en doutait, je demanderais qui a jamais fait un plus mauvais usage de leurs lumières et de leurs facultés que Catilina, Voltaire et Mirabeau?

Les lumières profanes accroissent la puissance de l'homme; mais si son cœur est vicieux, elles deviennent entre ses mains l'instrument le plus funeste.

Une population vicieuse et éclairée présentera donc au gouvernement appelé à la conduire les plus grandes difficultés. On peut la comparer à un fripon audacieux et habile, avec lequel on serait réduit à traiter d'affaires; faut-il s'étonner si certains hommes d'état, pour simplifier leur tâche, préfèrent avoir à administrer des populations ignorantes, des hommes simples et agrestes, vivant le plus près possible de la nature.

Envisagées dans leur influence sur les classes inférieures, on peut dire que la lecture et l'écriture, qui font la base de l'instruction primaire *gratuite* (1), répandue sur les prolétaires, sont des moyens d'administration qu'on leur confère; mais conférer des moyens d'administration à l'individu qui n'a rien à administrer et qui ne possède rien, n'est-ce pas lui inspirer du mécontentement pour son sort et lui donner l'envie de sortir à tout prix de l'humble condition où il est placé?

La lecture et l'écriture ne peuvent être des voies de perfectionnement moral dans un pays comme le nôtre,

(1) Selon nous, il doit en être de l'instruction comme des alimens; il importe qu'ils soient à bon marché, mais il ne faut pas qu'ils soient purement gratuits.

où il y a beaucoup plus de mauvais livres que de bons, et où rien ne permet de distinguer les uns des autres, avant de les avoir lus, c'est-à-dire, avant d'avoir subi leur influence.

Tout au plus, la lecture est-elle un moyen de faciliter au peuple l'accomplissement de ses devoirs religieux. Mais tel n'est pas le but des plus ardens promoteurs de l'institution primaire gratuite. Leur pensée, en la prodiguant d'une main libérale, est plutôt de susciter des opposans au gouvernement, et des adversaires à l'aristocratie et à l'inégalité sociale, que de rendre le peuple plus docile et plus soumis à ses chefs.

On peut dire des lumières ce que disait Ésope de la langue; et de leur rapport avec la morale, ce que disait Bacon du rapport de la philosophie avec la religion, qu'un peu de lumière en éloigne et que beaucoup en rapproche. Or, la généralité des hommes ne peut guère atteindre qu'à la médiocrité des lumières. En les leur distribuant, il faut donc apporter un soin extrême à ce qu'ils n'en mésusent pas.

CHAPITRE LVIII.

Coup-d'œil général sur la source, la nature, et l'étendue du pouvoir politique.

Il est deux opinions contradictoires qui se disputent le domaine de la politique. D'après l'une, tous les droits reposent dans la royauté; d'après l'autre, tous les droits émanent du peuple. Le fait est qu'il y a un droit supérieur à ceux du roi et à ceux du peuple, un droit antérieur à la société même : c'est celui de la *propriété*. Les droits du peuple et ceux du roi ne sont valables qu'à la condition de respecter ce premier droit, qui a précédé tous les autres et leur a donné naissance. Faute de l'avoir apprécié à raison de son importance et de son rang, la plupart des écrivains politiques n'ont pu suffisamment préciser leurs opinions et résoudre nettement un grand nombre de questions qui se rapportent principalement à la limite des pouvoirs. Dès que le pouvoir royal ou le pouvoir populaire, de quelque manière qu'ils soient constitués[1], respectent la propriété, dès qu'ils reconnaissent le principe qu'au-

(1) Tout gouvernement, de même que tout tribunal, de quelque manière qu'il ait été constitué, se légitime ou se discrédite par l'équité ou l'iniquité de ses actes.

cun, impôt ne peut être prélevé que du consentement de ceux qui le payent, consentement soit exprimé, soit tacite, mais sincère et formel, on n'a à appréhender aucun acte vraiment dangereux d'arbitraire ou de tyrannie, la liberté du citoyen est par ce seul fait garantie autant qu'elle peut l'être. En effet, sauf quelques exceptions très-rares, les attentats contre les personnes n'ont d'autre but que d'arriver à usurper partie ou totalité des propriétés. Dès que les propriétés sont respectées et tenues pour inviolables, les personnes n'ont rien à redouter du pouvoir politique. On peut même ajouter, qu'à l'aide du besoin d'argent qu'éprouvent constamment les gouvernemens, les contribuables parviennent bientôt, soit par eux-mêmes, soit par leurs représentans, à assurer trop de prépondérance à certains intérêts privés sur les intérêts publics ; à faire tomber l'autorité sous leur dépendance, et à acquérir plus de droits et de priviléges, c'est-à-dire une participation plus grande à la direction de l'état que ne le comporte souvent l'avantage commun de la société. En effet, pour défendre l'état, le protéger, le gouverner, le pouvoir exécutif a besoin d'une certaine latitude d'action, d'un certain degré d'irresponsabilité et d'arbitraire, d'une certaine force librement disponible, sans lesquels il ne saurait répondre suffisamment de la tranquillité publique. Il y a dans la vie journalière d'un grand état une multitude d'actes de prévoyance et de conservation, une foule de cas fortuits qu'il est impossible de prévoir et de régler par les lois positives, et au sujet desquels il faut nécessairement s'en remettre de confiance à l'autorité gouvernante, à moins de courir le danger de graves bouleversemens. De plus, il est un grand nombre d'intérêts qu'il serait injuste, impolitique ou dangereux de sacrifier, et qui cependant par eux-mêmes n'ont pas assez d'importance, ni assez de lumières pour se défendre autrement que par une résistance aveugle et désordonnée. Ceux-là se trouvent naturellement placés sous la tutelle de l'autorité, qui, dans un état bien ordonné, doit avoir la force suffisante pour empêcher le faible et le pauvre d'être opprimés et leur faire rendre une exacte justice[1]. Plus la société vieillit et s'étend, plus le pouvoir doit être énergique, à cause des obstacles qu'il a à vaincre.

Nous avons dit que les contribuables ou les propriétaires pouvaient en certains cas avoir des représentans. Il est aisé de comprendre que dans un pays vaste, où l'on compte huit à dix millions de propriétaires, il est impossible de les réunir en assemblée et de les consulter tous. Le seul mode praticable quand le gouvernement a besoin d'un impôt, est donc de rassembler les

(1) Quand ces intérêts minimes, qui ne valent que par leur diversité ou par leur masse, sont en très-grand nombre ou se rapportent à un grand nombre de citoyens, l'établissement de la royauté devient nécessaire. On a dit avec justesse, de cette institution, qu'une de ses attributions principales était de protéger et de représenter les intérêts qui ne sont pas représentés ou qui ne peuvent se protéger eux-mêmes.

plus notables, en appelant les uns à prendre part à la délibération à raison de leur élévation sociale, et laissant la nomination des autres au choix des contribuables ou d'un certain nombre d'entre eux. Puis, après les avoir consultés, de regarder leur assentiment ou leur refus comme l'expression de la volonté générale [1]. Ces députés étant soumis eux-mêmes, à proportion de l'étendue de leurs biens, aux charges qu'ils votent pour les autres, tout se réunit pour justifier l'équité de leur décision. Consultons l'histoire, nous verrons qu'en matière d'impôt, les peuples ne se sont jamais refusés à payer les subsides votés par leurs subdélégués. Rarement même ont-ils fait difficulté d'acquitter les impôts exigés arbitrairement, tant qu'ils ont été modérés, répartis avec équité, ou que la destination en a paru suffisamment justifiée. Quant aux impôts que l'habitude avait consacrés, quel qu'en fût l'origine, on voit généralement, à moins qu'ils ne fussent éminemment vexatoires, qu'ils continuèrent à être payés sans observation. En effet, le bon sens indique à tout membre du corps politique que la société ne peut être administrée gratuitement, et qu'il est des dépenses générales

(1) Quand les intérêts de ces deux ordres de représentans, intérêts primitivement analogues, paraissent devenir dissemblables, les représentans se forment alors en deux chambres, ou deux assemblées, dont le vote de l'une ne devient obligatoire que quand l'autre y a librement adhéré. Au moyen de cette combinaison, la liberté des suffrages se trouve pleinement assurée.

auxquelles il est indispensable de pourvoir. On peut donc affirmer que toutes les résistances des peuples, chaque fois qu'elles ont éclaté, ont été dirigées primitivement contre les accroissemens d'impôts. C'est en échange de ces accroissemens d'impôts que les concessions politiques ont été accordées et obtenues, quelquefois au détriment de la solidité de l'état et comme moyens de défendre plus efficacement la propriété. Sans doute, c'est sur cet intérêt précieux que repose la politique. Toutefois il faut se garder de lui accorder l'omnipotence dans les sociétés qui renferment beaucoup de non-propriétaires, autrement on compromettrait la liberté de ceux-ci et leurs moyens d'existence, et par suite la sécurité publique, qui, dans un pays vaste, demande un pouvoir exécutif indépendant, autorisé à maintenir l'ordre sur tous les points, avant toute délibération. Qu'il soit donc bien compris que la *souveraineté du peuple* ne saurait exister que dans la république pure, et que, de quelque manière qu'on l'envisage, elle ne peut et ne doit s'entendre que de la *souveraineté des propriétaires*, parce qu'entre eux seuls peut exister l'unanimité sur certains points essentiels, qui forment la base de l'ordre social. Aussi la plupart des publicistes républicains, tels que Mably et Destutt-Tracy, dans son Commentaire sur l'Esprit des Lois, font-ils complètement abstraction des prolétaires lorsqu'ils tracent leurs plans de gouvernement. J.-J. Rousseau lui-même ne parle guère des prolétaires que par occasion, et il y a lieu à remarquer que presque tout ce qu'il dit de plus sujet à contestation, serait vrai ou sans danger, dans une société composée uniquement de propriétaires.

Dans la république pure, la souveraineté ne se fractionne pas; elle appartient aux propriétaires, qui réunissent le pouvoir législatif au pouvoir exécutif.

Dans la monarchie, les propriétaires ne payent l'impôt qu'après l'avoir consenti. C'est la seule portion de la souveraineté qui leur reste, mais elle suffit pour assurer leur liberté et l'étendre souvent au-delà des conditions nécessaires au maintien du gouvernement.

CHAPITRE LIX.

Concordance des opinions développées dans cet écrit avec la théorie de Montesquieu sur la nature et le principe des gouvernemens.

Montesquieu, Esprit des Lois, livre 3, chapitre Ier, appelle *la nature du gouvernement* ou sa structure particulière, ce que nous appelons *la forme du gouvernement*. Il n'y a ici de différence que dans les termes, car les idées qu'ils expriment sont identiques.

Il n'en est pas tout-à-fait de même de ce qu'il nomme, ainsi que nous, *le principe du gouvernement*.

Nous nous servons du même terme, mais les idées que nous y attachons de part et d'autre, quoiqu'ayant beaucoup d'affinité, ne sont pas pareilles.

Montesquieu appelle *le principe du gouvernement*, les passions humaines qui le font mouvoir.

Remontant plus haut et nous élevant à la source même de ces passions, nous appelons le principe du gouvernement, la cause constitutive qui lui imprime la forme sous laquelle il frappe nos regards. Cette cause n'est autre que la manière dont la propriété foncière est répartie entre la population, ou si l'on aime mieux, le rapport de la population au territoire.

Nous différons en ceci de Montesquieu :

Il croit que le principe de chaque gouvernement consiste dans un certain ordre de passions humaines qui y prédomine, savoir :

Dans la démocratie, l'amour de l'égalité, qu'il appelle *vertu ;* dans l'aristocratie, *l'amour de la modération ;* dans la monarchie, l'amour des distinctions, qu'il appelle *honneur ;* dans le despotisme, la *crainte*.

Quant à nous, tout en reconnaissant que Montesquieu a observé juste et que l'amour de l'égalité prédomine dans la république ; l'amour des distinctions dans la monarchie, etc., etc., nous pensons que ce qui fait, par exemple, qu'un état est républicain, ce n'est pas précisément l'amour de l'égalité, mais l'étendue suffisante du territoire qui permet à tous les citoyens d'être propriétaires. De là, résulte entr'eux une égalité effective qui se réfléchit dans la composition de l'état, ainsi que dans tous les actes et les mouvemens du corps politique, et jusques dans l'âme des citoyens naturellement portés à aimer un ordre de choses qui les rend heureux.

Ce qui constitue l'état aristocratique, c'est l'insuffisance du territoire qui fait que certains individus sont propriétaires, tandis que d'autres ne le sont pas. Ceux-ci, en se groupant autour des plus grands propriétaires pour en obtenir de la subsistance et du travail, leur procurent une prépondérance marquée sur les propriétaires moins opulens. De là, des distinctions positives et une inégalité de fait dont la forme de l'état porte l'empreinte, mais qui ne se maintient que par la *modération* et la prudence avec laquelle les grands propriétaires jouissent de leurs avantages. Pour faire aimer leur domination, ils doivent d'une part protéger les prolétaires et leur prodiguer des bienfaits, de l'autre, éviter de blesser l'amour-propre et les intérêts des propriétaires de classe inférieure. C'est ce qui a fait dire à Montesquieu que la modération était l'essence du gouvernement aristocratique.

Ce qui constitue l'état monarchique, c'est un nouveau degré d'insuffisance du territoire ou d'accroissement de la population qui, multipliant considérablement les prolétaires, amène la nécessité, pour les contenir et les protéger (double fonction qui excède alors les forces de l'aristocratie), de tolérer que le propriétaire le plus éminent, le plus haut personnage de l'état, devienne, sous le nom de *Roi*, le représentant des intérêts de la classe inférieure. A partir de cet instant, les grands propriétaires, précédemment égaux sous le régime aristocratique, ce qui exigeait de la part des plus éminens une extrême modération, se classent autour du roi, selon leur puissance, selon le nombre de leurs vassaux et l'étendue de leurs biens. De là, un immense conflit d'amour-propres et de rivalités qui reflètent un vif éclat sur la royauté qui domine tout, règle entre les grands les préséances, et repartit entr'eux, selon leur importance, les hautes charges de l'état. C'est ce qui a fait dire à Montesquieu que l'amour des distinctions était le principe du gouvernement monarchique et que la noblesse en était une partie inhérente.

Enfin, ce qui constitue l'état despotique, c'est la prépondérance d'une classe de la nation qui exploite les autres classes à son profit et traite ceux qui en font partie en esclaves ou en vaincus. L'instrument de cette oppression est un chef revêtu d'un pouvoir illimité, mais dont la durée du pouvoir dépend du bon plaisir de la faction dominante, qui le dépose ou le renverse à son gré. C'est ce qui a fait dire à Montesquieu que la *crainte* était le principe du gouvernement despotique.

La classification adoptée par l'auteur de l'Esprit des Lois est donc parfaitement d'accord avec la nôtre. Il en est de même de la définition qu'il donne des diverses formes de gouvernement, comparées à celle que nous avons fournie. Ses principes politiques et les nôtres ne diffèrent donc en rien d'essentiel et se résolvent les uns dans les autres de manière à se confirmer mutuellement.

CHAPITRE LX.

Conclusion.

L'ordre social mériterait les anathèmes fulminés çà et là contre lui par J.-J. dans la plupart de ses écrits politiques, s'il n'était pas l'unique remède contre l'anarchie, s'il y avait d'autres expédiens que l'aristocratie et la monarchie pour faire vivre et maintenir en ordre, sur un territoire borné, une quantité disproportionnée et exubérante d'habitans; si le sol ne manquait pas à nos sociétés modernes pour que chaque individu fût propriétaire; car, ne l'oublions pas, la propriété est la plus forte et même la seule garantie qu'on n'abusera pas à mauvaise intention des droits politiques.

En définitive, en se reportant à l'origine des sociétés, les hommes ont le choix, ou de vivre patriarchalement dans la simplicité native, au sein de la liberté et de l'égalité, à l'instar des Arabes et des peuplades sauvages ou agricoles de l'Afrique et du Nouveau-Monde; ils doivent alors rester épars et s'étendre sur la surface de la terre à mesure qu'ils se multiplient; bornés aux plaisirs naturels et à ceux de la famille, ils doivent renoncer aux arts, au luxe, aux raffinemensde la civilisation, aux plaisirs et à l'existence des villes, et avoir le courage de s'expatrier dès qu'ils deviennent trop nombreux pour vivre à l'aise sur le même sol; tel est le genre d'existence auquel Rousseau accorde hautement la préférence, sans réfléchir assez que les peuples qui s'obstinent à demeurer trop près de la nature finissent par être subjugués et détruits par les peuples civilisés; c'est ce qu'on a vu, c'est ce qu'on voit encore tous les jours en Amérique.

Quant à l'autre alternative, voici en quoi elle consiste : Les hommes, au lieu de persister à végéter dans cet état à demi-sauvage, comme l'enfant qui, en grandissant, s'obstinerait à ne pas quitter le sein de sa nourrice, n'ont qu'à ne pas résister au cours naturel des choses. Bientôt, par suite des progrès de la population, ils se trouvent accumulés par fortes masses sur certaines étendues de territoire, bornées et défendues par des limites fixes. Là ils goûtent, mais en les payant quelquefois bien cher, car tout état a ses inconvéniens, les plaisirs de la société et les avantages de la civilisation. Dans ce dernier cas, sauf l'exception très-rare où le territoire est susceptible de s'agrandir au fur et à mesure des besoins, il faut, à mesure que la population se condense, renoncer de plus en plus à la liberté, à l'égalité, et même à la propriété à laquelle ne peuvent plus atteindre un grand nombre de sociétaires nés trop tard pour participer au partage du sol. La grande propriété et les inégalités politiques qui en sont la conséquence, deviennent alors nécessaires pour assurer la subordination, la subsistance et la tranquillité publique. Si, dans un pareil état de choses, on persévère à vouloir l'égalité, la liberté, l'égale division des propriétés, le nivellement des conditions, on arrive à la démagogie, à la famine et à la destruction du corps politique, parce qu'il ne reste plus de part pour tous, et que chacun voulant faire la sienne, au lieu de respecter l'ordre établi, on finit par tout mettre au pillage.

FIN.

TABLE

DES CHAPITRES DE CE VOLUME.

FIN DE LA TABLE.

ERRATA.

Page 27, ligne 4, au lieu de : diverses ordres ; lisez *divers* ordres.

Page 29, lig. 2, au lieu de : sa souveraineté ; lisez *la* souveraineté.

Page 44, lig. 28, au lieu de : énonciations des faits ; lisez énonciations *de* faits

Page 68, lig. 19, au lieu de : État ; lisez *États.*

Page 70, lig. 22, au lieu de : l'abandon ; lisez *l'abondance.*

Page 82, lig. 7, au lieu de : leurs propensions ; lisez *leur propension.*

Page 87, lig. 16, au lieu de : des lois ; lisez *ses* lois.

Page 92, lig. 10, au lieu de : avec aristocratie ; lisez avec *l'*aristocratie.

Page 93, lig. 2, au lieu de : qu'autant qu'ils le voudront bien ; lisez qu'autant qu'ils le *voudraient* bien.

Page 105, lig. 9, 10, 11, au lieu de : devenir un port de mer au moyen d'un canal gigantesque ; lisez *de rivaliser avec les ports de mer* au moyen d'un canal gigantesque, ou *d'un chemin de fer.*

Page 112, lig. 27, au lieu de : dans monarchie ; lisez dans *la* monarchie.

Page 114, lig. 12, au lieu de : entassées ; lisez *entassée.*

Page 118, lig. 12, au lieu de : ces dépenses ; lisez *ses* dépenses.

Page 124, lig. 18, au lieu de : considérable très-peuplé ; lisez considérable *et* très-peuplé.

Page 128, lig. 5, au lieu de : elles n'offrent ; lisez *mais* elles n'offrent.

Ouvrages du même Auteur.

Considérations sur la Politique, et sur les Circonstances actuelles. — Paris, 1832. 2e édition. 5

Réflexions sur le Rapport présenté au Roi, le 5 octobre 1828, par M. le comte de Saint-Cricq, ministre du Commerce, relativement aux encouragemens à accorder à l'industrie et au commerce. — Paris, 1828. . . . . 1 50

Des Forges, des Vignobles et des Colonies. — Paris, 1829 . . . . 1 50

Mémoire en faveur des Colons et des Propriétaires de Vignobles, ou Observations sur l'Exposé des motifs du Projet de Loi de Douane présenté le 21 mai 1829, par M. le comte de Saint-Cricq, ministre du Commerce, à la Chambre des Députés. — Paris, 1829 . . . . 1 50

Du refus du Budget. — Paris, 1829. 1

Du Sort des Minorités dans les Gouvernemens représentatifs, ou Observations en faveur des Propriétaires de Vignobles et des Colons français. — Paris, 1830. 2

Des Classes inférieures, et des rapports qui les unissent aux autres Classes de la société. . . 2

Lettre au Directeur du *National*, ou Examen des doctrines politiques du *National*, du *Globe*, de la *Gazette de France* et du *Journal des Débats*. — Paris, 1830. . . . . 1 50

Des Principes politiques qui doivent servir de base à la Législation électorale. — Paris, 1831. 2

De la Pairie. — Paris, 1831. 2

Observations sur les deux Projets de Loi de Dounes présentés, les 3 et 31 décembre 1832, par le ministre du Commerce, à la Chambre des Députés. — Paris, 1833. . . . . 1 50

Coup-d'Œil sur les Colonies, et en particulier sur celle d'Alger, — Paris, 1833. . . . . . 1 50

www.ingramcontent.com/pod-product-compliance
Ingram Content Group UK Ltd.
Pitfield, Milton Keynes, MK11 3LW, UK
UKHW031856260826
14628UKWH00002B/816

9 782019 723828